总 主 编 梅 兵
副总主编 王宏舟 戴立益

华东师范大学课程思政研究丛书

地理学野外实践教学的课程思政设计

周立旻 郑祥民 等 主编

科学出版社
北 京

内 容 简 介

高等学校担负着培养中国特色社会主义合格建设者和可靠接班人的使命。思政课程是落实立德树人的主阵地，依托课程思政深入重构专业课程，促进专业课程与思政课程同向同行，形成育人合力。依托专业特色，构建课程思政教学体系、教学设计是当前专业教学改革的关键。野外实践教学是地理学科人才培养的特色和关键，是实践地理专业课程思政的关键抓手。为此华东师范大学"自然地理学野外实习"教育部课程思政教学团队在华东师范大学课程思政研究中心的资助下，总结梳理近年来开展课程思政教学设计、平台建设的经验，形成了地理学野外实践教学课程设计体系、示范性教学案例，为相关学科实施教学提供参考。

本书适合高校教学管理、一线课程教师在设计课程思政中阅读与参考。

图书在版编目（CIP）数据

地理学野外实践教学的课程思政设计/周立旻等主编. —北京：科学出版社，2022.3

（华东师范大学课程思政研究丛书/梅兵总主编）

ISBN 978-7-03-069242-9

Ⅰ. ①地… Ⅱ. ①周… Ⅲ. ①高等学校-思想政治教育-教学研究-中国 Ⅳ. ①G641

中国版本图书馆 CIP 数据核字（2021）第 118353 号

责任编辑：文　杨　郑欣虹 / 责任校对：杨　赛
责任印制：赵　博 / 封面设计：蓝正设计

科学出版社 出版

北京东黄城根北街16号
邮政编码：100717
http://www.sciencep.com

三河市骏杰印刷有限公司印刷
科学出版社发行　各地新华书店经销
*

2022年3月第 一 版　开本：787×1092 1/16
2024年12月第三次印刷　印张：11
字数：250 000

定价：**59.00元**
（如有印装质量问题，我社负责调换）

丛 书 序

教育是功在当代、利在千秋的德政工程。培养什么人、怎样培养人、为谁培养人是中国高等教育必须回答的根本问题。从习近平总书记在全国高校思想政治工作会议中提到"要用好课堂教学这个主渠道，……使各类课程与思想政治理论课同向同行，形成协同效应"到《高校思想政治工作质量提升工程实施纲要》《教育部关于深化本科教育教学改革全面提高人才培养质量的意见》等系列文件，明确提出坚持把立德树人成效作为检验高校一切工作的根本标准，把课程思政建设作为落实立德树人根本任务的关键环节，课程思政在为党育人、为国育才中的重要地位不言而喻。

课程思政自提出以来，高校在专业建设、教材建设、教学教法、评价与质量保障体系等教学全要素方面进行了卓有成效的探索，教师从理念到实践已经取得初步的成果，但同时一些重点和难点问题尚未解决且制约着课程思政的深入发展，例如：从理念向实践转化的一般性原则和方法、不同学科课程思政的指标体系与实施策略、"以学为中心"理念下学习成效的评价方法，这些都是课程思政开展中悬而未决、亟待解决的问题。

华东师范大学是新中国成立后组建的第一所社会主义师范大学，始终坚持以德立学、以德施教，把为国育英才作为自己的使命与责任。在办学中，学校继承了其前身大夏大学和光华大学爱国主义的优良传统，秉承"智慧的创获，品性的陶熔，民族和社会的发展"的办学理想，持续深化人才培养模式改革，在学分制、通识教育、思政类课程、课程思政、师范生培养、拔尖创新人才培养等方面取得了良好的成绩。2017年，学校在已有工作的基础上全面实施课程思政教育教学改革；2018年3月，学校举行第十三次党代会，会议明确了"育人""文明""发展"的新使命；2019年，学校发布《华东师范大学关于一流本科教育建设的实施意见》，强化思想政治教育贯穿教育教学全过程，明确以学生的素质和能力达成为中心，提出以教育模式的深刻转型推动人的全面发展。

学校以顶层设计保障课程思政的有效落实、以分层行动推动课程思政全覆盖、以教研文化激发教师将课程思政作为内在需要、以质保体系促使课程思政的持续改进，形成了思政类课程-课程思政、教师思政-学生思政、教师发展-学生发展有机统一、协调发展的课程思政教育教学改革模式，获得了上级教育主管部门和专家同行的认可，2017年入选上海市首批"课程思政教育教学改革'整体试点校'"，2019年入选上海市首批"高校课程思政整体改革领航高校"，课程思政教学改革的影响力走出校园，辐射其他兄弟高校并与基础教育形成联动与衔接。

在开展课程思政教育教学改革的过程中，学校注重抓关键环节和关键问题。教师在示范课程建设中，精心进行教学设计，在教学内容有机融入课程思政元素、课程思政教学成效的评价方法方面积累了丰富的经验；示范专业和领航学院基于学习产出的教育（outcomes-based education，OBE）理念，在培养目标-毕业要求-课程体系的完整链条中总结课程思政的一般性规律和共同要素，形成课程思政教学指南；职能部门则以"教育家"和"标准人"为目标，以冯契先生"化理论为方法、化理论为德性"的思想为指导，对课程思政实施中的管理机制、评价体系和质量保障体系进行探索创新。学校出版课程思政研究丛书，既是对课程思政教育教学改革经验的梳理和总结，也是对关键问题的研究和提炼。从实践操作案例到理论研究，聚焦课程思政从理念到实践转化的关键问题，期待以我校课程思政开展的逻辑与脉络、经验与模式、顶层设计与实践方法，为兄弟高校提供一种参考。我们希望这套丛书能够在以下方面对一线教师和教学管理人员有所启发。

一、课程思政教育教学改革的学理支撑

课程思政的实施需要一般性原则指导。丛书以教育学、汉语言文学、生物科学、地理科学、生态环境类、体育教育等不同学科、专业的实证研究，总结出开展课程思政的一般原则和策略，揭示推进课程思政的内在逻辑，为管理部门和一线教师开展课程思政提供学理支撑。

二、课程思政教育教学改革的体系框架

课程思政实施是管理、教学、教材、质保、评价的全链条、全要素协同。丛书以教师的课题研究成果搭建了管理体系、教学体系、质量保障体系、评价体系的框架，为其他高校开展课程思政提供借鉴与参考。

三、课程思政教育教学改革的实践指南

课程思政重在实践。丛书内容涵盖不同专业开展课程思政的教学指南，以及映射不同思政点的高质量课程思政案例集，为管理人员和一线教师提供从理念到实践的具体操作参考案例，同时又具有一定的开放性，一线教师和管理者可以根据本校的传统和特色进行拓展。

由于课程思政教育教学改革本身是在摸索中前进，其理念、内涵、方法在不断发展和深化，尽管本套丛书的编写者工作非常努力，撰写过程数易其稿，但代表的也仅是一家之言，再加上诸多局限性，本套丛书的缺点和不足在所难免，仅以此套丛书跟大家交流华东师范大学的探索和心得，欢迎各位同仁提出宝贵意见和建议。

梅　兵

2020 年 5 月于华东师范大学丽娃河畔

前　言

地理学科是一门探索自然规律、昭示人文精华的经世致用的学科，学科以关注人地关系为核心，将自然过程和人文社会过程有机联系起来。学科对于破解当前人类社会普遍面临的全球变化、社会发展、资源开发等问题有着极其重要的支撑作用。地理学科人才培养，由于其学科的特殊性，担负着培养基础拔尖学科科研人才、卓越人民教师、卓越规划师、卓越管理人员等的重任。地理学人才培养中使命担当、理想信念的融入是夯实专业学习兴趣、提升专业学习效率的基础。地理学科历来重视在课堂教学中将专业教学与学科育人结合，提升专业教学的质量，并形成了一系列的教学模式与方法。以课程思政建设为牵引的课程教学改革过程中，通过对标、传承、融合三个步骤，并结合专业认证模式，我们构建了地理学类专业课程思政教学指南，完成了以顶层设计为抓手的专业课程体系设计。通过对地理学科各个专业的课程体系的评估，发现实践类课程特别是野外实践类课程是地理学课程思政建设中极其重要的环节，它们对课程思政的主要指标都起到极大的支撑作用。

野外实践类课程，如自然地理学野外实习，是地理学科人才培养的特色与关键环节。"读万卷书，行万里路"，野外实践能突破课堂教学中学生对地理现象与地理事物缺乏整体性认知的缺陷，在野外自然环境中创设教学情境，高效地实现专业知识的掌握，更在野外艰苦教学环境中磨炼学生的意志品质。在以课程思政为牵引的课程教学改革过程中，野外实践课程由于其特殊的教学模式、特有的育人功效，成为学科课程思政建设的重点。野外实践教学课程虽然蕴含丰富的思政元素，但对其思政元素的内涵、结构、功能，教学实施的路径与策略和课程思政教学效果的评估等环节仍然缺乏系统的设计。为此，本书基于"自然地理学野外实习"教育部首批课程思政示范课程建设的经验，系统阐述野外实践类课程的课程思政教学设计、教学实施与教学评估。以期为地学类专业的野外实践类课程的课程思政建设提供借鉴经验。

本书由华东师范大学"自然地理学野外实习"教育部课程思政示范教学团队组织编写。周立旻、郑祥民担任本书的主编，白开旭、陈圆圆、刘欣然、乔枫雪、王永杰、赵卿为副主编。本书的出版得到了华东师范大学课程思政研究中心的大力支持。

本教学团队多年来实施以课程思政为牵引的野外实践教学改革，形成了以下核心理念：有思政的专业课程更有灵魂，有专业的思政育人更生动，在野外环境中开展教学更有效。

编　者
2021 年 4 月

目 录

丛书序

前言

第一章 地理科学类专业开展课程思政教学的实施背景 ············· 1
    第一节 高校育人目标与课程思政的实施 ············· 1
    第二节 开展课程思政教学是人才培养模式改革的核心动力 ············· 2

第二章 课程思政元素与野外实践教学的融合 ············· 5
    第一节 基于认证模式的野外实践教学的育人功能 ············· 5
    第二节 融入课程思政的野外实践教学课程体系设计 ············· 10
    第三节 野外实践教学中课程思政环节的教学设计 ············· 12
    第四节 从知识融入到思维引导
           ——野外实践教学与课程思政元素融合策略 ············· 13
    第五节 面向野外实践教学的课程思政教学效果评估 ············· 14
    第六节 面向课程思政的野外实践教学对教师的要求 ············· 15
    第七节 第一课堂与第二课堂的有效融合 ············· 16

第三章 自然地理野外实践教学课程思政设计 ············· 18
    第一节 自然地理野外实践教学课程说明 ············· 18
    第二节 自然地理野外实践教学课程目标 ············· 20
    第三节 课程教学中的课程思政指标设计 ············· 20
    第四节 课程思政指标达成度的考核方法 ············· 21
    第五节 课程基本设计简介 ············· 22
    第六节 教学过程设计 ············· 32
    第七节 课程教学方法 ············· 42

第八节　考核方式……………………………………………………… 42
　　第九节　对学生实习总结中思政环节元素的反思……………………… 45

第四章　地理科学类专业实践教学的教学设计样例………………………… 46
　　第一节　分水江河流阶地测量实习课程思政教学设计………………… 46
　　第二节　土壤地理学实践教学课程思政教学案例……………………… 59

第五章　地理科学类专业课程课程思政教学案例设计……………………… 67
　　第一节　湿地与全球汞污染课程思政教学案例………………………… 67
　　第二节　喀斯特地貌与喀斯特石漠化治理课程思政教学案例………… 72
　　第三节　地面沉降课程思政教学案例…………………………………… 82
　　第四节　尼加拉瓜湖水质监测系统课程思政教学设计………………… 91
　　第五节　中国暴雨基本特征及江淮超强梅雨案例课程思政教学案例……… 101
　　第六节　GIS在红色旅游路线设计及分析中的应用课程思政教学案例…… 111
　　第七节　水准测量方法与实践课程思政教学案例……………………… 121

参考文献……………………………………………………………………… 135

附录一　面向课程思政的地理学人才培养方案示例………………………… 136

附录二　全国地理学联合实习体系建设介绍………………………………… 149

附录三　华东师范大学地理学野外实践教学体系建设……………………… 156

附录四　地理学野外综合实习虚拟仿真教学平台介绍……………………… 163

第一章 地理科学类专业开展课程思政教学的实施背景

第一节 高校育人目标与课程思政的实施

习近平总书记在全国教育大会上明确指出:"培养什么人,是教育的首要问题。我国是中国共产党领导的社会主义国家,这就决定了我们的教育必须把培养社会主义建设者和接班人作为根本任务……培养一代又一代拥护中国共产党领导和我国社会主义制度、立志为中国特色社会主义奋斗终身的有用人才。"在高校应落实的"为党育人、为国育才"使命中习近平总书记指出:"要把立德树人融入思想道德教育、文化知识教育、社会实践教育各环节,贯穿基础教育、职业教育、高等教育各领域,学科体系、教学体系、教材体系、管理体系要围绕这个目标来设计,教师要围绕这个目标来教,学生要围绕这个目标来学。凡是不利于实现这个目标的做法都要坚决改过来。"由此,高校"立德树人"工作不仅是课程思政教学的核心,也成为各类专业课程的关键组成。

习近平总书记在全国高校思想政治工作会议上强调指出:"要用好课堂教学这个主渠道,思想政治理论课要坚持在改进中加强,提升思想政治教育亲和力和针对性,满足学生成长发展需求和期待,其他各门课都要守好一段渠、种好责任田,使各类课程与思想政治理论课同向同行,形成协同效应。"习近平总书记的重要论述,为高校专业课程实施课程思政奠定了重要的理论基础。2020年,习近平总书记在《求是》杂志发表文章指出:"办好思政课,要放在世界百年未有之大变局、党和国家事业发展全局中来看待,要从坚持和发展中国特色社会主义、建设社会主义现代化强国、实现中华民族伟大复兴的高度来对待。"[1]我们正在为实现"两个一百年"奋斗目标而努力,这为新时期开展课程思政工作指明了方向,为高校各类课程同向同行形成合力,落实"立德树人"根本任务,通过德智体美劳"五育并举"实现"三全育人"(即全员育人、全程育人、全方位育人)。

高校课程体系中的每一门课程均蕴含着丰富的思政元素,我国高校的几代教师也通过自身的勤奋工作、身体力行,以润物无声、春风化雨般的一线教学,为开展课程思政工作奠定了坚实的基础。专业课程如何发挥好专业课堂教学的特殊途径,融入思政元素,实现"用习近平新时代中国特色社会主义思想铸魂育人",引导学生增强中国特色社会主义道路自信、理论自信、制度自信、文化自信,"厚植爱国主义情怀,把爱国情、强国志、报国行自觉融入坚持和发展中国特色社会主义事业、

---

[1] 节选自《思政课是落实立德树人根本任务的关键课程》一文,此文是习近平总书记2019年3月18日在学校思想政治理论课教师座谈会上讲话的主要部分。

建设社会主义现代化强国、实现中华民族伟大复兴的奋斗之中"。

专业课程在"三全育人"体系中有着特殊的优势地位，特别是地理科学类专业。学科前沿、国家与社会发展的需求是人才培养的重要目标。由于地理学科具有对接国家需求的特征，一线的研究与服务和国家与社会的需求、发展有着紧密的联系。长期以来，我国地理学者依据国家各个阶段的需求，结合我国的国情，开展了一系列重大的基础和前沿研究工作，取得了卓越的成就，形成了一整套对科学卓越拔尖人才培养的需求目标，为高校人才培养指明了专业培养的目标。由于地理学科的这一特征，高校地理学科课程教学中的课程思政元素成为专业课程的必备要素，成为课程持续提升的核心抓手之一。

第二节 开展课程思政教学是人才培养模式改革的核心动力

（一）整体优化思政育人要素在课程体系中的布局，形成持续强化的思政育人格局

各个高校地理科学类专业人才培养目标中均含有立足国家需要，落实"立德树人"根本任务，培养德智体美劳全面发展人才的思政培养目标，以及对应的思政毕业要求。对思政培养目标和毕业要求的支撑往往显性地体现在高校思政类课程中。目前，思政类课程仅仅占专业培养中10%左右的学分，而且往往集中在大学一二年级的学习中，对照专业课程体系设计，大学一二年级的专业课程更加强调专业基础知识、基本技能和基本思维的构建，这一时期强有力的思政类课程的教学配合专业基础课程中隐形融入适量的思政元素，可以使思政类课程与专业课程很好地形成合力，夯实学生对思政要素的理解，提升学生对专业知识内涵的认识。这一时期的思政类课程为学生树立正确的理想信念打下坚实的理论基础。进入大学三四年级，第一课堂中的思政类课程逐步减少，逐渐由第二课堂的各类与思政相关的学习、实践活动进行补充。这一时期，专业课程学习进入综合性、研究型课程学习的阶段，结合专业特色，加大探究性学习中思政元素的引导与加持，有利于填补第一课堂课程体系中思政类课程教学逐步减量而留下的空位，同时更能引导学生在专业的综合性、探索性学习中通过"反刍效应"回味一二年级思政类课程中的理论，夯实对思政理论的认识，在思政理论内化转化的基础上结合专业基础知识开展更为符合国情、对标国际前沿的探究性学习，提升专业学习的效率，促进学生形成正确的人生观、价值观和正确的人地协调观念。以课程思政为纽带，促进思政类课程与专业课程体系从形式的协同教学，走向以教学内容、教学目标、教学策略系统内在整合为抓手的协同育人，实现思政教学不间断和"三全育人"。

（二）强化使命担当，树立正确的学习目标，强化学生内生动力，激发学生专业学习兴趣

确立正确的理想信念，激发学生学习的内生动力和兴趣，培养创造力和思维素养是人才培养的核心环节。课程思政在这一过程中有着不可替代的重要催化、助推作用。从长期的实践来看，激发学生的内生学习动力可以从两个方面着手：①在课程教学中，以生动丰富的教学案例、系统的课程练习激发学生专业学习的兴趣；②以学科前沿引导的科创训练，在实践的不断成功中激发学生对专业知识的兴趣。无论采用以上哪条途径，由于地理学学科具有极强的社会服务性，因此两条实现途径都必然和课程思政形成良好的支撑关系。课程思政的融入能促进学生理解学科与社会的对接，强化思政类课程理论教学成果，对学生树立正确的人生观、世界观和科研观形成助推作用。例如，华东师范大学地理科学学院王格慧教授长期致力于我国北方雾霾成因的研究，通过长期的强化观测、实验室模拟和理论推演，系统地论证并提出了我国北方雾霾的产生与农业生产中大量施用氮肥造成的大气氨浓度升高，促使硫酸盐气溶胶能在碱性环境中大量合成的观点。这一特殊的合成途径与我国特殊的农业生产方式有着密切的联系，而在英国伦敦、美国洛杉矶等地的雾霾形成中未曾发现过。这一成果对接国际学术最前沿，立足我国国情，探索"中国方案"，为解决我国北方冬季雾霾问题提供了重要的破解方案，成果在国际顶级刊物发表，得到了包括诺贝尔化学奖得主在内的专家的好评，也得到了国家领导人的高度肯定。在课堂教学中，王格慧教授及时将他这一研究成果快速转化为课堂教学的案例，以细致的分析串联起专业知识的要点，将重要发现的关键确立在依托我国国情和解决我国重大问题的迫切需求上，引起了学生的共鸣和兴趣，促进了大气化学催化相关知识点的教学，更激发了学生的学习热情和探索欲望。在后续的科创选题中，一批学生积极加入王教授的课题组，深入探索我国特有的雾霾形成机理，立志服务于我国大气环境质量保育，在国际雾霾形成研究领域创立中国学派。这样的课程思政案例教学不但有效促进了专业学习和专业思维的训练，激发了学生的内生学习动力，更促进学生形成了立足国家需求、对接国际前沿、探索符合中国国情的解决方案的信念，对学生的成长发展起到了良好的助推作用。

（三）引导野外实践教学改革，促进特色化的育人环节的改革，提升人才培养品质

地理科学类专业长期高度重视野外实践教学。在地理科学类专业人才培养中，野外实践教学是关键与核心的环节。野外实践教学面向基础理论相关的实践技能培养、面向综合实践课程的创新性能力培养。地理学野外实践教学创设了现场实景的教学环节，以学生对地理现象的形象感知加速学生的专业知识与能力的高效提升。由于野外实践教学长期坚持过程体验式教学模式，在基础野外实践教学阶段强调对经典工作的"复刻"与"重构"，从考察模式、实践手段、工作方法上，以最为贴近重要理论发现当时的"复刻"模式入手，以现代测试技术进行"重构"，一上一下，在训练学生基础与综合技能的同时，对学生开展思维习惯的培养，同时在"复刻"这一与前辈学者在跨域时空对话中提升自身的思想素质。因此，在长期的野外实践教学中，已自发形成对学生知识技能、情感价值等方面的综合培养。虽然对情感价值领域的培养已有较多的涉及，但相对比较笼统，主要聚焦于吃苦耐劳、克服困难等方面，在有意识强化家国情怀等方面还缺乏系统性设计。对于野外实践的育人功效，长期以来在各个地理学院已形成了共识，然而在野外实践教学中将思政育人作为教学目标这一实践仍较为简单、粗放，对于在野外实践教学中思政元素的教学效果缺乏评估。随着课程思政的全面推进，应全面挖掘、梳理、整合、完善、提升野外实践教学中的课程思政元素，发挥好野外实践教学的特殊的全面育人功能。在野外实践课程这个知识和能力高效提升的"高原"平台上，以课程思政教学目标达成作为并行的"发动机"，通过野外实践教学，不仅实现知识和能力的达成，更在思政教学目标上实现全面的提升。同时，在思政元素全面融入、思政元素与专业知识的耦合作用下，丰富专业知识与技能训练的内涵，也通过激发学生的学习热情、学习兴趣和学习动力，夯实学生的使命担当，实现"三全育人"的功效。

第二章 课程思政元素与野外实践教学的融合

第一节 基于认证模式的野外实践教学的育人功能

一、基于认证模式的课程思政教学体系建设

专业认证模式源于美国的工程教育专业认证，自2006年起被引入我国，并在工程专业领域开始试点，成为工程教育质量保证体系的重要组成部分。目前，我国已经完成了近3000个工程专业的认证工作，对我国工程专业的国际化起到了关键推动作用。专业认证是以学生为中心，将专业培养目标、毕业要求、课程体系、课程建设与评估、人才培养质量评估、师资队伍、支撑条件等要素有机整合，以培养目标为牵引、系统建构毕业要求，全面指导课程体系建设、课程设计与人才培养质量的评估，并促成各个环节持续改进的闭环。鉴于专业认证在工程类专业领域取得的巨大成功，近年来专业认证率先向师范类专业领域推广。在师范类专业认证实践中，以专业培养目标和毕业要求为引领，以每一门课程的过程性考核构成课程的人才培养目标达成度评价，进而完成专业课程体系的培养目标达成度评价。在师范类专业认证过程中，已明确将家国情怀、教师素养等专业思政目标融入人才培养目标，并体现在毕业要求、课程设置、课程建设、课程评估、人才质量评估等环节中。思政培养目标的达成体系在师范类专业认证中成功的实践，为其他专业的课程思政建设提供了重要的参考。在师范类专业认证中成功构建的思政培养目标达成体系，结合专业认证的模式特性，为专业课程思政建设提供了一套可一体化设计、分层次设定目标、整体性覆盖的顶层设计，为课程教学提供了可实施、可评价的课程思政教学实践路线图，为其他专业的课程思政建设提供了重要的参考。

地理科学类专业的思政目标是地理学各专业培养与育人价值的概括性、专业化表述，是知识与技能、过程与方法、情感态度与价值观"三维"目标的整合与提炼，是学生在以课程学习为主的第一课堂和社会实践为辅的第二课堂的学习中逐渐形成，并在未来服务社会发展、服务国家需求时所表现出来的必备的思想觉悟与道德品格、科学素养和专业关键能力。

思政培养总目标统领了整体的专业课程思政建设，对于课程体系建设和课程教学实施具有核心指导作用。然而根据认证模式从总体培养目标到课程体系建设还需依托更加具体的、有可操作性的指标体系，认证体系中称为"毕业要求"。面向课程思政建设，本书将用于具体实操的指标称为"思政目标达成指标"。

课程思政一级达成指标与国家对大学生培养过程中的思政素养要求相协调，具有明确的普适性，统领课程思政目标。在实践中，我们将地理科学类专业的一级课程思政指标确定为家国情怀、学科素养、职业素养、团队协作和反思能力。以5个

Ⅰ级指标为基础，结合地理科学类专业的特色，确立了16个具体指导专业课程思政Ⅱ级指标，这16个Ⅱ级指标成为设计专业课程思政体系、指导课程教学大纲编制、开展课程思政目标达成度评价的核心抓手。

课程思政Ⅱ级指标的确定与专业的特色密切相关。通过对两级指标的深入探究，结合地理科学类专业"三全育人""培养什么人、怎样培养人、为谁培养人"等大学思政培养要求，可以将课程思政Ⅱ级指标细致地分解到与专业培养过程紧密联系的各个环节。不是传统认识上的思政要素知识点在专业课程中的简单重复，而是将专业培养要求与思政培养元素相融合，使专业课程思政目标更加丰富、明确，对课程教学设计更具有指导意义。

通过认证模式可对课程体系中各个门类课程的思政教学目标支撑度进行评价，也能充分梳理和挖掘那些课程思政元素覆盖面最广和支撑度最高的课程，而这部分课程的建设也应该引起充分的重视。以地理科学类专业为例，野外实践类课程对课程思政目标全面达到高支撑。地理学是一个极为强调野外实践教学的专业，强调"读万卷书，行万里路"。野外实践不仅是夯实专业基础知识的关键环节，同时也是促进课程思政目标全面达成的关键途径。选择典型的野外实践区域，促进学生深度认识祖国的大好河山，深入认识和体验祖国发展中遇到的切实问题，从专业的角度认识生态文明建设、"一带一路"倡议等重大方针的意义。在野外实践中，通过各类专业实践内容的开展，培养学生严谨细致、一丝不苟的科学精神；在跋山涉水、烈日暴雨间培养学生顽强的毅力与战胜困难的勇气；采取分组实习模式，有利于促进学生团结合作精神的形成。

根据课程思政目标达成指标的支撑度覆盖情况、支撑水平分布等，即可对整体课程体系的课程思政目标达成度水平进行评价，这也成为基于课程思政目标达成的课程体系调整的重要依据。参考认证模式中对课程体系与人才培养目标达成度的评价模式，以课程思政对目标达成指标支撑度评价为基础，我们尝试建立了课程体系对课程思政目标达成的支撑度评价。

二、面向认证模式的野外实践类课程的课程思政教学目标设计

围绕地理科学类专业人才培养的目标和相对应的毕业要求，野外实践课程在课程思政总体的三个维度（立德树人、专业知识、实践能力）的Ⅰ级指标中均能实现高支撑，同时对应地实现对十一个课程思政教学目标监测指标的支撑（图2-1）。

在野外实践教学支撑的八个Ⅱ级教学目标监测指标中，家国情怀、国土认知、国家认同、科学精神、地学素养、师德引领、团队合作、反思习惯可具体实现两个层次的内涵展开。

第一层次内涵展开为立足野外实践教学类课程对育人目标整体的支撑及对其课程思政内涵的描述。这是对该类课程中课程思政教学Ⅱ级教学目标监测指标较为综合、统领性的描述，为具体的野外实践教学课程思政设计提供纲领性约束（表2-1）。第一层次的内涵展开如下。

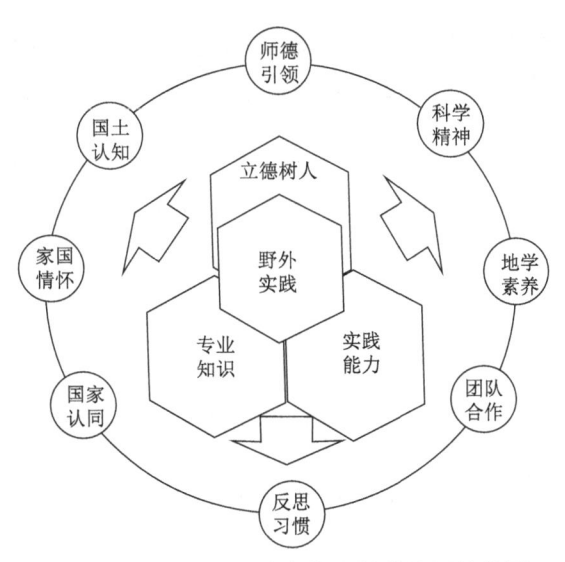

图 2-1 野外实践教学支撑的教学目标结构图

表 2-1 野外实践教学课程思政教学目标监测指标第一层次的内涵

Ⅰ级指标	Ⅱ级指标	Ⅱ级指标第一层次的内涵展开
1.家国情怀	1.1 国家认同	以地理学专业知识为基础,能从全球尺度认识国情,能从时空演变的角度认识"四史",认同新时代中国特色社会主义的价值观,从专业角度自觉维护国家主权,强化学生的"四个意识"
	1.2 国土认知	以地理科学类专业的特色,形成对国土空间中自然环境与人文社会结构时空耦合格局的深刻认识,以地理"四维-三层次"体系认识我国的生态文明格局与演变,能在学习、研究工作中体现对国情特色的理解,强化学生的"四个自信"
	1.3 理想信念	能从地理学专业角度深入认识"一带一路"倡议、"生态文明建设"和"脱贫攻坚"等党和国家的重大决策,树立以扎实的专业学识和专业技能服务中华民族伟大复兴中国梦的理想信念,促进学生自觉做到"两个维护"
2.学科素养	2.1 地学思辨	具备辩证唯物主义与历史唯物主义的科学观和科学人地协调观,具备地学格局思维、尺度思想、综合性思维
	2.2 野外精神	具备在室内外,特别是野外艰苦环境中吃苦耐劳、严谨认真、一丝不苟的地学野外精神
	2.3 科学精神	掌握形式逻辑、辩证逻辑、批判思维,具备在地学实践、研究中的求真、求美的品质,形成严谨的科学素养
	2.4 探索勇气	掌握创造性思维,具备冲击学科前沿、服务国家重大需求、攀登学科高峰的勇气与毅力
3.团队协作	3.1 协作能力	在分组实习中,培养学生的团队协作意识与能力,以及同舟共济、共同战胜困难、团结友爱的团队精神
	3.2 奉献精神	培养学生在地理专业工作中能不计个人得失,全身心地付出,能善待团队中的每一位成员
4.反思能力	4.1 学业反思	培养具备在专业理论学习、实践训练、科创实践后对设计、操作、汇总过程持续反思、总结的习惯
	4.2 服务社会	学习将专业知识和社会需求联系起来,从地学角度认识社会的发展

针对野外实践教学中课程思政教学目标的第二层次的内涵展开，是落实到具体的野外实践类课程特色内涵的阐述，对课程设计更具有明确的指导意义，如表2-2所示。

表2-2 野外实践教学课程思政教学目标监测指标第二层次的内涵

Ⅰ级指标	Ⅱ级指标	Ⅱ级指标第二层次的内涵展开
1.家国情怀	1.1 国家认同	在系统设计的野外实践线路和特色化野外实践教学点，使学生深切感受祖国的壮美山河和国家重大建设工程。在野外实践中以专业知识学习与专业技能训练，切实领会党和国家的重大战略决策，认同社会主义发展道路，认同祖国统一，认同"一带一路"倡议，认同生态文明建设，认同人类命运共同体，自觉增强爱国主义理念，促进学生坚定"四个自信"，自觉做到"两个维护"
	1.2 国土认知	通过对实习区域的自然地理各组成要素的现状考察，促进学生深入了解我国的基本国情
	1.3 理想信念	基于实习区域的资源、环境、地质灾害等基本国情，以地学角度思考可持续发展道路，增强学生的社会责任感，实现以"四个意识"铸魂
2.学科素养	2.1 地学思辨	多姿多彩的地貌景观是内外营力耦合作用的结果。地层特征反映了区域海陆变迁的地壳演化史。促进学生树立科学的地球观、人地和谐观和生态文明观
	2.2 野外精神	野外艰苦环境中，坚持传统野外实践考察模式，培养学生吃苦耐劳的地学野外精神
	2.3 科学精神	在相对恶劣的环境中，持续强调野外实测的精益求精，培养学生细致严谨的专业态度。以专业实践深入领会马克思主义中国化的重大意义和科学内涵，并将其落实到使学生形成对专业前沿理论探索与中国国情特色结合的"中国方案"、中国智慧的领域
	2.4 探索勇气	实习以学生为主体，充分调动学生的积极性，实习中各组自定选题，自行查资料、测数据、找证据，培养学生创新的探索精神。依托特色化红色教育资源，培养学生在专业上勤奋学习，对接国家需求，探索科学新疆界的锐气
3.团队协作	3.1 协作能力	在野外实践教学中按照个人的身体素质、技能特点进行合理的团队分工，协同高效完成野外实践教学中的各项任务
	3.2 奉献精神	在野外的艰苦环境中能勇于承担苦、累、脏的工作，能为团队共组的顺利开展牺牲个人的部分利益
4.反思能力	4.1 学业反思	实习中，学生需用课堂所学的基本原理、基础知识和基本方法分析所看到的地理现象，巩固了课堂所学，提高了专业技能
	4.2 服务社会	通过实践教学环节，能将专业理论与社会需求的结合点清晰地提炼出来，并能在实践中认识实事求是、因地制宜的应用经典理论的重要性

以第二层次的课程思政教学目标为基点，得到广泛认同后便可进入具体的课程教学大纲设计环节，并以相关指标统领各个章节教学内容的编排和设计。

三、野外实践教学的八大思政支撑点

【师风师德】开展课程思政教学，实践为党育人、为国育才的目标，其中的核心的环节是师风师德的引领作用。教师通过教学中的言传身教，为学生树立了人生发展的榜样，在野外实践教学中尤其如此。在野外实践艰苦的环境中，教师吃苦在前，严格要求自己，与学生同行、同吃、同住，并以精湛的专业知识与技能引导学生，以真心真意的付出在每一个细节上关爱学生，对学生形成良好的示范效应，促进学生正确人生观与世界观的形成。例如，在野外实践教学中，一些老教师，年逾花甲，但仍然坚持参加一线的野外实习；有的教师有各类疾病但仍坚守一线教学；甚至轻伤不下火线，有的教师骨裂仍坚持跋山涉水，有教师身上绑着尿袋仍坚持参加实习教学，只为学生的成长。这些都在潜移默化中熏陶着学生，成为实践教学课程思政案例最为生动感人的篇章。

【国家认同】地理学野外实践教学往往选择我国人文地理-自然地理具有典型特点、耦合特征明显的区域开展。在实践教学过程中，通过野外调研、采样分析，学生对典型区域的自然背景、人文特点有了深入的了解，支撑起学生对中国特色社会主义的认同。例如，在贵州普定喀斯特石漠化治理野外实践基地，学生通过喀斯特地质、地貌、水文、土壤、植被的综合调查与分析，系统了解了我国石漠化发生的特有机理。以喀斯特地理特征为基础，从根本上理解了国家将石漠化从一般的荒漠化中单列出来的科学依据，以及我国为石漠化治理采取的一系列政策，强化了对中国特色社会主义的认同。

【国土认知】地理学野外实践除了在实习点上强调技能训练的深度，在实习教学设计中也充分考虑各类特殊区域地理景观的覆盖度。我国是一个地理景观异质性极为丰富的地区，除了两极大陆冰川环境以外，我国具有全世界最为齐全和丰富的多尺度地理综合体，其中，青藏高原地理景观区是全球独一无二的。通过野外实践教学，利用周边区域、单一高校跨区域、全国跨区域联合等模式，全国地理学院校已构建了覆盖全国、类型齐全的野外实践资源体系。这些有效保障了学生国土认知维度能力素养的达成。

【理想信念】地理学野外实践教学在野外环境中创设实践教学场景，由于科学的特色，将国情特色、国家认同等元素融入野外实践教学，形成基于实习区域的资源、环境、地质灾害等基本国情，促进以地学角度思考可持续发展道路，增强学生的社会责任感，强化学生的理想信念。

【野外精神】野外实践是地理学传统的工作方法，室内试验、理论推演或遥感监测等手段均无法替代野外实地考察和野外第一手资料的获取。我国几代地学工作者，为了祖国的资源开发和环境保护，深入矿井、无人区、高山、高原、沙漠、戈壁，从喜马拉雅之巅到茫茫海疆，谱写出众多感人的篇章。野外实践教学是继承和发扬地学野外精神，培育爱国、奉献、敬业、忠诚的品质。

【探索勇气】在地理野外考察的艰苦环境中，选择典型服务国家重大需求的科研与转化服务的示范区域开展野外实践，在艰苦的环境中锤炼学生的意志品质，同时感悟地理学前沿研究的艰险与服务社会发展的重大意义，激发学生通过扎实的野外工作围绕国家和社会发展的急切需要，探索、挑战学科前沿问题，服务国家需求的勇气。

【团队协作】在野外实践考察中,多数的考察任务无法独立完成,需要团队协同分工合作实现。野外团队工作对学生协作精神、互助精神的养成起到了极大的支撑作用,更通过在野外艰苦环境中的协作,培养起学生的奉献精神、牺牲精神。

【反思素养】在野外工作中,通过案例教学、对比教学等手段,强化学生对专业知识的掌握,促进学生反思能力和综合素养的提升。

第二节 融入课程思政的野外实践教学课程体系设计

地球与地理科学以实践性强为突出特点,建立科学、合理、循序渐进并与课堂教学交叉配合的实验教学新体系,是实现本科教学培养目标的关键。通过近年来按照教育部高等学校地理科学类专业教学指导委员会制定的《地理科学类专业本科教学质量国家标准》,各个学校的地理科学类专业基本都确立了近似的实验教学体系,归纳起来主要是面向"三个层次、三个阶段"的模式:

三个层次——基础层次、综合层次与创新层次;

三个阶段——室内实验教学阶段、课间实验教学阶段、野外实践基地实验教学阶段。

一、三个层次实验教学的有效耦合,渐进式推进的创新人才培养

基础层次实验教学,是课堂教学的重要组成部分,是理论教学的有效补充,其目的在于强化学生的地球科学实验基本功和深化学生对地球科学相关课程内容的理解。本层次的实验教学以课程学习中的章和节为单位,对单一的教学点进行实践,实验教学效果的评价具有明确客观的衡量标准。以土壤地理学课程教学为例,本层次实验教学中主要开展土壤粒度组成测定、土壤有机质含量测定、土壤 pH 测定等基本技能型实验。

综合层次实验教学,其目标是培养学生的基本科学探究与科学思维能力,最大限度地实现实验与理论的结合,在理论的指导下进行实验,在实验的过程中深化对理论的理解。训练学生应用已掌握的基础地学实验技术研究方法,根据特定研究任务,组合运用基础实验技术,探究简单的地球科学综合性问题,这些问题往往已具备较为成熟、统一的实验分析规程,实验教学效果的评价具有较为稳定、统一的衡量标准。以土壤学课程为例,本层次教学中,将开展城市蔬菜地土壤理化基本特征分析类型的实验、实践教学,其中涉及将基础层次实验教学中已掌握的土壤剖面描述、基本理化性质测试方法组合运用。

创新层次实验教学,这类实验具有真正的科学研究和科学创造的性质,具体形式有能力提高科研训练项目、大学生科研基金项目和毕业论文综合训练等。其前沿性和创造性体现在:实验题目多从导师的科学研究课题中提出,因而直指学科的前沿或工程技术的前沿,实验内容具有探索性,但并无标准的实验构建模式,需要自行设计实验过程,实验教学效果的评价无单一、固定的指标,对实验结果的评价建立在对实验结果进行科学的演绎与归纳的基础上。本层次的实验教学将培养学生在

较高层次灵活运用、组合基础实验内容,并适当交叉引入其他课程实验教学内容,完成探索性实验目标的能力。以土壤学课程为例,本层次实验教学将开展大气湿沉降性质变化对土壤中重金属形态的影响类型的研究型实验,开展该实验课题过程中除了需要运用基础层次及综合层次已掌握的土壤学实验内容、方法外,还将融入大气科学、水文学实验内容、方法,且实验设计无现成模式。

以上三个层次的实验教学循序渐进,有机统一。基础层次和综合层次实验教学是创新层次实验教学的基础,它们的教学效果将直接影响创新层次实验教学的成败;创新层次实验教学是基础层次与综合层次实验教学的必要提升,将有效地激发学生的参与热情,巩固实验教学成果,实现学科实验教学目标,同时引导、完善、丰富基础层次、综合层次实验教学内容。

二、三个阶段与三个层次实验教学环环相扣,保证实验教学的顺利推进

三个阶段即室内实验教学阶段、课间课外实验教学阶段和野外实践基地实验教学阶段。

室内实验教学阶段,即根据地理学学科特点与课堂理论教学统一进行的课堂室内实验。这一阶段主要开展基础层次实验教学内容,以教师制备的统一、标准物质,根据教学大纲和教学进度开展实验教学。

课间课外实验教学,即课间进行课外教学内容、教学实践环节训练的一种教学实验过程。这一阶段主要开展综合层次实验教学,利用课间业余时间,根据教学进度,以若干章节为单位,依托学校周边环境开展样品采集和数据收集,根据教学内容开展实验分析,达到明确的训练目标。这为学生及时将理论与实际应用相结合提供了有利条件,将大大提高学生的动手能力,激发学生学习及开展科研的兴趣。

野外实践基地实验教学阶段,即利用野外实践基地进行集中野外实践、实习,是学科和中心实习课程体系的重要组成部分和不可缺少的关键环节,这一阶段将开展综合层次的实践教学,提升学生对地理学综合性、区域性的认知,目前已成为实践教学的重要模式和提高学生实践与创新能力的重要途径。

面向三个层次、三个阶段的实验教学课程体系,围绕每个阶段实验课程的专业训练目标、教学内容,对标人才培养方案中设定的实验课程思政教学目标,即对所有的I级指标形成高支撑,但具体在II级指标的支撑关系上仍存在明显差异,具体可见表2-3。

表2-3 分阶段实验课程对课程思政II级指标的预设支撑关系

层次	国家认同	国土认知	理想信念	地学思辨	野外精神	科学精神	探索勇气	协作能力	奉献精神	学业反思	服务社会
基础层次	H	H	M	M	H	H	M	M	H	H	L
综合层次	H	M	H	H	H	H	H	H	H	H	M
创新层次	H	M	H	H	H	H	H	H	H	H	H

注:H为高支撑,M为中支撑,L为低支撑

在对实验课程的具体课程思政指标达成度预设要求中，根据认证模式，各等级的支撑度情况可由表2-4说明。

表2-4 预设思政教学目标的达成度对课程教学内容和教学目标的要求

水平	课程思政Ⅱ级指标
高支撑度（H）	教学目标包含思政指标中所有的课程思政Ⅰ级指标，或者教学内容中85%以上的教学环节包含对应课程思政Ⅰ级指标
中支撑度（M）	教学目标包含2个以上毕业要求中的课程思政Ⅰ级指标，或者教学内容中65%以上的教学环节包含课程思政Ⅰ级指标
低支撑度（L）	教学目标包含1个以上毕业要求中的课程思政Ⅰ级指标，或者教学内容中40%以上的教学环节包含课程思政Ⅰ级指标

第三节 野外实践教学中课程思政环节的教学设计

野外实践教学中课程思政元素的整体布局，应遵循"对标-传承-融合"三个方面。对标，在设计课程思政教学元素时因对标国家对"立德树人""三全育人"的总要求，对标教育部高等学校地理科学类专业教学指导委员会制定的《地理科学类专业本科教学质量国家标准》，全面融入党和国家教育方针、融入学科前沿的需求。传承，我国地理学科人才培养和课程建设，特别是野外实践教学课程的建设有着优良的思政传统，自学科建立以来，就紧密对接国家和社会的需要培养专业人才，厚植爱国奉献基因，在课程思政教学改革中应充分继承和发展这样的传统，并根据课程思政教学目标对原有的思政元素进行全面的梳理、优化、传承。融合，课程思政与专业课程的教学最忌讳"两张皮"，即为了思政而思政，生硬地在野外实践教学中加入课程思政元素，不仅教学过程会变得较为牵强，同时部分学生也会产生明显的抵触情绪，使课程思政的教学成效受到明显的影响。将专业认知、技能训练与课程思政元素有效融合，成为课程思政教学设计的重要环节。对于不同的学科课程，思政融入的方式会有不同的模式，一般专业往往强调"溶盐于汤"地隐形融入，然而由于地理学科具有极强的对接社会需求的功能、特色，因此在开展融合工作时应遵循"溶盐于汤"和"惊涛拍岸"的原则，在某些必要的情景下，当课程教学内容支撑下的思政教学不断升华，热度不断提升，可以将重要的思政元素直接大声地喊出来。

因此在野外实践教学课程设计中我们提出"五步融合法"，即提纯、品味、优化、融入、再品味。提纯，系统梳理原有课程设计、课程资源体系，将课程思政元素和课程思政教学的融合方法进行总结、评价、提炼；品味，围绕课程对应的课程思政教学目标，对提炼后的课程思政元素对标教学目标进行评价与评估，形成思政目标达成度评价；优化，对评价后的课程思政元素内涵进行优化、完善；融入，优化的课程思政元素重新融入课程教学设计，同时对整体设计中缺失部分进行补充、强化；再品味，对于重构后的课程思政教学设计通过实践教学的应用效果进行评估与分析，持续提升教学效果。

第四节 从知识融入到思维引导——野外实践教学与课程思政元素融合策略

当前的本科课程正在从传统的知识、技能训练向专业思维养成方向转变。通过思维的养成、思维的训练来促进学生的综合素养的提升，职业适应面、研究视野的扩展。在教学过程中融入形象思维、逻辑思维、批判思维和创造性思维。特别是在综合层次和创新层次上，思维习惯的养成也应该成为野外实践类课程的重要教学目标，构建超越知识点的实践教学模式。在构建此类教学模式时，围绕课程思政优势野外实践资源，从传统的线路巡弋式实习，转变为由若干重要思政-思维-专业优势强势的实践教学点串联起来的特色化"高峰聚合式"实践资源，这些资源将是强化课程思政教学效果的重要依托。以传统的知识讲授融合课程思政元素，转变为学生自主探索过程中通过多种思维的训练，主动构建起专业知识与思政元素的联系，从地学的角度深入感知专业体系与国家重大决策、重大工程存在的内在紧密联系，从而实现强化思维训练成效，助力课程思政教学目标的高效达成。因此课程教学知识点设计中应强化思维训练-认知学习-思政目标三个维度的系统作用。以下展示了一个相关专业教学中的三元素协同课程思政教学设计范例。

【三元素协同课程思政教学设计范例】

【教学内容】海岸地貌实习

【教学目标】通过对舟山群岛普陀岛的地貌与第四纪沉积物的野外实践，系统掌握常见海岸地貌的基础知识。分析普陀岛四种海岸类型（基岩海岸、砾滩、沙滩和泥滩）的分布特征、形成原因和发育过程，识别各种海蚀地貌和海积地貌类型，分析水动力在各海岸地貌类型塑造中的作用，观察各实习点沉积物的物源、粒度及其变化、层面构造、层理构造、底栖生物、沉积地貌分带及各带微地貌等特征。

【教学实施】三元素协同课程思政教学设计教学实施如表2-5所示。

表2-5 三元素协同课程思政教学设计教学实施

课程思政教学内容	专业教学与课程思政的融合	课程思政主要设计	思政融合讲解策略
浙江河流地貌的发育特征	富春江-钱塘江流域河流发育的基本地貌形态	富春江、分水江等河段徒步考察	以学生小组讨论为主、教师讲授为辅，结合师生互动、分组汇报等方式进行，充分发挥学生的主动性、探索性、团队协作性。徒步考察各实习点，感受大自然的地貌风情，树立家国情怀
杭州构造地貌和小流域地貌特征	杭州九溪十八涧的发育特征及成因分析	杭州九溪十八涧徒步考察	
浙江西部喀斯特地貌发育特征	建德灵泉洞、清风洞、霭云洞外小石林的发育特征	建德灵栖洞天徒步考察	
普陀岛海岸地貌发育特征	普陀岛海蚀地貌和海积地貌特征	普陀岛环岛徒步考察	

第五节　面向野外实践教学的课程思政教学效果评估

课程分目标达成度评价机制：每门课程由任课教师作为评价主体，依托主讲课程的各个评价环节的得分，获取主讲课程的分目标达成度评价。评价结果将交由学院教学委员会，共同进行分析，并对课程问题进行及时整改。

评价对象：参加每门课程学习的学生。

评价内容和渠道：主要为学生本门课程的各项考核环节的成绩。

评价方法：采用定量的成绩评价方法。

课程分目标达成度=平时表现比例×（分目标平时表现平均分/分目标平时表现总分）
　　　　　　　　　+平时测试比例×（分目标平时测试平均分/分目标平时测试总分）
　　　　　　　　　+期末考试成绩×（分目标期末测试平均分/分目标期末测试总分）

根据课程分目标达成度可对每一门课程实现课程思政要素指标明确、定量的评价，结合课程体系建设中针对对应课程的预设达成度要求，可定性评价每一门课程的课程思政教学效果达成度情况。

对于每一门具体的课程，在教学大纲的修编过程中需明确对于思政指标的具体支撑情况，同时对于课程定量的考核结果，确立相对应的课程思政目标达成情况定性描述，以便于教师和教学管理人员更加直观地判断对应课程的课程思政教学目标达成情况。

以地理科学类专业的核心基础课程"自然地理野外实践"为例（表2-6），将整个课程的思政指标细致地分解到每一个课程目标中，确定与课程教学内容和教学目

表 2-6　课程目标达成评分标准——以"自然地理野外实践"为例

课程目标	评分标准				
	90～100	80～89	70～79	60～69	0～59
掌握所学基本原理、基础知识和基本方法与国情认知	熟练掌握基本理论和基础知识	基本掌握基本理论和基础知识	掌握多数基本理论和基础知识	大致掌握基本理论和基础知识	基本理论和基础知识不熟悉，出现关键性错误
掌握野外仪器使用、野外记录、样方调查、标本采集等基本技能	熟练掌握各项野外基本技能	基本掌握各项野外基本技能	掌握多数野外基本技能	大致掌握各项野外基本技能	没有掌握各项野外基本技能
归纳野外获得的资料数据，完成实习报告	实习报告内容准确完整，文辞优美	实习报告有少量错误，或内容有少量缺失	实习报告有少量错误，且内容有少量缺失	实习报告错误较多，或内容缺失严重	实习报告错误较多，且内容缺失严重
野外实践过程中团队合作、地学野外精神达成情况	带领小组成员圆满完成各项实习任务，协调小组成员克服遇到的生活困难。吃苦耐劳，遵守纪律	帮助小组成员圆满完成各项实习任务，帮助小组成员克服遇到的生活困难。吃苦耐劳，遵守纪律	能完成小组安排的各项实习任务，能克服自身遇到的生活困难。吃苦耐劳，遵守纪律	在小组成员帮助下，能完成小组安排的各项实习任务。在小组成员帮助下，能克服遇到的生活困难。遵守纪律	态度不端正，违反安全组织纪律

标相关的思政指标。对于每一思政指标定量的分档值给出明确的达成情况定性描述，便于将学生的考核情况与学生的专业思政达成度形成有效的联系，从而便于及时掌握学生的思政素养达成情况，动态掌握学生的思政动向。

第六节　面向课程思政的野外实践教学对教师的要求

【师德师风引领】根据课程体系及培养方案要求配备地理教学队伍，应注重教师的师德师风、注重教师科研活动与国家重大战略的对接，注重教学与科研的对接，注重教学团队年龄结构的合理性，以满足常规课程教学、地理实验及野外考察的需要。

积极组织地理教研组，使之成为基本的教学研究制度，并逐步形成民主、互助、进取、分享的教研文化。地理教研组是教师成长的共同体，具备以下功能：一是地理教学互助功能，地理科学类专业学习强调学生自主、合作、探究，需要专业教师不断通过"同课异构"等教研活动方式，进行教学方法的切磋；二是地理教学资源共享功能，地理教学需要大量鲜活的、直观的教学案例，教师在准备教学案例时往往需要耗费很多时间，在教研组内，大家分工合作、资源共享，可以提高教师备课效率，提升课程思政的教学效果。

【强化教研融合】地理科学类专业教学与传统的理科教学最大的差异在于，在教学过程中，除了运用数理分析或模型外，还大量采用教学案例进行辅助教学，因此案例成为实现课程思政的最基础环节。由于地理学的学科特性，地理科学类专业长期以来通过服务国家和社会的重大需求，不断发展学科理论与方法论体系，因此在课堂教学过程中，为了提升教学效果，激发学生的学习兴趣，往往需要引入与教学知识点相关的实践案例辅助教学。因此编写与课程知识点相关的教学案例成为地理科学类专业课程思政的一个特点与亮点。

（1）以"中国智慧-地域特色-学校贡献"为核心理念梳理、重构课程教学案例。由于地理学具有极强的区域特色，有我国独一无二的自然地理格局特色，在长期的实践过程中，国外的经验方法往往无法直接使用，为此我国地理学家不断创新，围绕我国的区域特色，发展了一系列的"中国方案"。例如，中国在全球独一无二的青藏高原治理冻土，修建青藏铁路，这些案例不仅是专业教学重要的资源，也是课程思政极其宝贵的资源。各个高校的任课教师在教学之余参加到了相关的区域治理研究中，因此将教师的科研实践成果及时转化为课堂教学的案例，使教学案例更加鲜活生动，更能促进教师的教研一体化工作，实现学生学习与教师科研的"双赢"局面。

（2）"一流的科学研究支撑一流的课程思政"。对于地理学科，一流的科学研究成果一定来自于服务国家重大战略需求（改革开放以来地理学者获得的国家自然科学奖二等奖以上成果均来自服务国家重大战略需求，如国家自然科学奖一等奖项目"青藏高原隆起及其对自然环境与人类活动影响的综合研究"）。为此，任课教师应该积极投身到服务国家重大需求的科学研究一线中，在此过程中及时总结、实时转化，将科研的进步转化为教学的案例。运用来自一流研究成果，特别是教师亲身参与的案例，教师能将切身体会、心路历程融入案例，使教学案例更加鲜活、生动，这更能激发学生对专业的兴趣，提升专业教学效果，更能培养学生的思政修养。

第七节　第一课堂与第二课堂的有效融合

（一）发挥书院与学院协同作用下的"三同"育人功能，做学生价值观塑造的引领者

现代书院制提供了开展学生工作的主战场。辅导员在育人工作的"最前线"。作为"离学生最近的人"，书院辅导员做到与学生同频共振，实现"三同"（同频率、同场域、同成长），做学生政治认同、品行塑造、道德培育的"驱动者"。与学生同频率，做好学生的知心朋友和人生导师。书院聚焦辅导员的"主责主业"，在学生的"拔节孕穗期"加强政治领导、思想引导、情感疏导、学习辅导、行为教导、就业指导，针对性地帮助学生处理好思想认识、价值取向、学习生活、择业交友等方面的具体问题。与学生同场域，思政工作进驻网络新媒体。书院抓牢网络育人平台，到学生最常活动的领域中去。

（二）践行"三社"育人模式，做"三全育人"的主力军

书院制学生管理模式为不同学科背景的学生交流、交往、交融提供了可能。书院辅导员依托学生社团、生活社区、社会实践等平台，打破专业壁垒，充分发挥"三全育人"工作体系中主力军的作用。

在第一课堂与第二课堂衔接设计中，紧紧围绕学院设置的第一课堂课程体系，以学期为单位，根据各门课程的目标达成度值计算每个 I 级指标的总达成度（在定量计算中 1 个 H 支撑度得 3 分，1 个 M 支撑度得 2 分，1 个 L 支撑度得 1 分），根据每个 I 级指标的学期达成度和各个指标中达成度的最高分值，确定课程支撑下的培养目标达成度薄弱环节。这些薄弱环节通过第二课堂进行补足。

第二课堂分为学院第二课堂与书院第二课堂。学院设计与专业相关的第二课堂活动，书院设计与通识性、学科交叉性相关的第二课堂活动。

第二课堂活动要达到对某一指标的高支撑度，学时数需要达到 18 学时/学期（中支撑度为 12 学时/学期；低支撑度为 6 学时/学期），其他支撑度评价需要参考"课程对毕业要求目标达成度指标的支撑评价"的要求，详见附录一。

第一课堂与第二课堂人才培养目标达成度评价方法如下。

评价方法：根据课程教学目标达成度评价对所有课程的具体评价获得对课程体系的评价。

评价周期：每学期。

课程体系合理性评价方法：基于课程评价结果的直接评价和基于学习者体验的间接评价。

课程分目标达成度评价机制：每门课程由任课教师作为评价主体，依托主讲课

程的各个评价环节的得分,确定主讲课程的针对课程思政指标的达成度评价。以此完成每一门课程的课程思政达成度矩阵分布表。

评价对象:整体专业课程体系。

评价渠道:主要根据每一专业每学期每一门课程的毕业要求指标达成度分布。

评价方法:利用半定量符号加和方法实施。

$$人才培养指标达成度 = \sum M_{ij}$$

其中,i 为某一学年的第 i 门课程;j 为该课程的第 j 个一级课程思政指标达成度。

根据人才培养目标确定的毕业要求达成度,可以获得每一学年的专业课程体系对毕业要求支撑度的定性评价。当一学期的课程中对所有 I 级指标的支撑少于 2 个高支撑(2H)时,则需要求对该学期课程(含第二课堂课程)的课程设计进行核查,给出调整、提升方案,同时对课程设置进行调整,结合课程设置的专业逻辑,将具有较多高支撑环节的课程(如实践类课程)加入该学期的课程体系中。

第三章 自然地理野外实践教学课程思政设计

第一节 自然地理野外实践教学课程说明

一、课程简介

"自然地理学野外实习"是地理类专业的必修课。地理学是一门实践性很强的自然科学。作为地理学的学生，在野外现场环境中进行实地观察是认识地理现象的有效途径。只有通过野外观察，才能真正认识不同性质和类型的地理现象和地理事物，从而加深对地理学基本概念、基本理论和基本思想方法等的理解，巩固和拓展地理学知识。因此，野外实践对切实掌握地理学知识是十分重要的。本课程聚焦于自然地理环境各主要组成要素，即地质地貌、水文水资源、土壤植被等，基于华东师范大学地理科学学院多年建设的浙江富春江-钱塘江流域野外实习基地、贵州喀斯特石漠化治理野外实习基地、新疆北天山野外实习基地，通过野外实践教学环节，在德智体美劳等方面全面达成能力和素养的培养目标。

【立德树人】通过野外实践教学夯实学生对国土空间构成的认知，强化对生态文明建设等重要方针的认同，以专业知识为基础思考可持续发展道路，增强学生的社会责任感；强化团队协作意识，包括奉献牺牲精神的培养和勇于担当的理念；形成勇于反思的习惯。

【学科素养】让学生实地观察和识别自然地理环境各组成要素，运用地理学的基本理论和基本知识，分析各要素的基本特征、分布与形成演化规律，实现理论和实践相结合。本课程分室内教学和野外实践教学两大部分。室内教学主要讲解实习区域概况，实习仪器操作方法，地形图、地质图等相关图件资料，实习的组织安全纪律等。野外实践教学则以学生动手为主、教师讲授为辅的方式进行，结合师生互动、分组讨论等方式帮助学生强化理解观察到的地理现象，并运用地学理论进行解释。

二、在培养方案中的作用

野外实践是地理学本科人才培养的重要学科特色和关键环节。对于地理学的拔尖创新人才培养有关键的支撑作用，在教室里读万卷书，效果可能不如野外行万里路，野外实践对学生综合能力的培养不可或缺。野外实践是形成地理学人才区域性、综合性思维的重要基础。通过在不同区域、具有代表性和综合性的自然地理野外实践基地的实践教学，采用基础知识学习和素质培养并重的教学模式，可以增强学生的感性认识、巩固课堂教学成果，从而完善学生的基础知识结构，实现增强学生综合思维能力、激发学生创新意识的教学目标。"自然地理学野外实习"课程由地质学、地貌学、气象气候学、土壤地理学、水文与水资源、植物地理学等学科野外实践教学组合构建构成，是华东师范大学地理学科的重要优势、特色课程，在本科生培养方案中具有不可或缺的重要地位。

三、对综合育人环节的支撑作用

野外实践为学生提供观察万千自然地理现象，多学科综合解读自然奥秘的难得机会，在"立德树人"等综合育人环节具有重要的支撑作用。通过野外实践，学生能深切感受祖国山河的壮美，加深对祖国的感情，增强爱国主义信念和民族精神，坚定报效祖国的决心。野外同舟共济、共同战胜困难，能培养学生的集体主义和团结友爱精神。大自然是最好的课堂，野外实践培养了学生观察地理事物，认识事物的思维、方法和能力，激发专业兴趣和创新精神。通过野外学习，力图实现学生地理学综合能力的系统训练和培养，启发学生领略地球科学魅力，感悟地理学博大精深的学科内容和理论，培养学生全面性和系统性思考问题的学科思想，增强学生对地理学的专业兴趣，激发学生的探究精神、集体精神和家国情怀，为地理学德才兼备的拔尖创新后备人才培养奠定基础。

四、师德师风的引领作用，成为学生理想信念的助推者

开展课程思政教学，实践为党育人、为国育才的目标，其中的核心的环节是师风师德的引领作用。教师通过教学中的言传身教，为学生树立了人生发展的榜样，在野外实践教学中尤其如此（图 3-1）。在本课程的教学组织中，每日的教学工作组织紧凑，从翻山越岭、跋山涉水，到夜间的分组讨论、小组考核，任课教师时刻需要保持旺盛的精力、积极的态度面对学生。很多野外带教教师虽然由于长期的野外工作或多或少身体上有些损伤，但为了学生的成长、学生专业能力的达成，依然克服种种困难坚持在一线开展教学指导。

图 3-1 本课程几代任课教师投身野外实践的一线

第二节 自然地理野外实践教学课程目标

目标 1：巩固并掌握课堂所学自然地理学各分支学科（地质学、地貌学、气象气候学、水文与水资源、土壤地理学、植物地理学）的基本原理、基础知识和基本方法（支撑毕业要求思政环节：1、2、4）。

目标 2：掌握地质罗盘、地质图、地形图等常用野外考察工具的使用方法，掌握绘制信手地质剖面图、露头素描图、标本素描、路线地质示意图等野外记录技能，掌握样方调查、标本采集等地学野外基本技能（支撑毕业要求思政环节：1、2、4）。

目标 3：归纳野外获得的第一手资料数据，并通过资料查询、文献检索等方法，撰写实习总结报告，培养实验设计、操作、分析、归纳、整理能力与学术撰写能力（支撑毕业要求思政环节：2、4）。

目标 4：野外实践中，以学生为主体，让学生带着问题去观察、思考地理事物，并用所学的理论和知识去解释地理事物的特点、成因及演化规律，培养学生自主学习和探究学习的能力（支撑毕业要求思政环节：2、3、4）。

目标 5：野外实践使学生深切感受祖国山河的壮美，深切感受我国的自然资源、生态环境、地质灾害等基本国情，增强学生的社会责任感和爱国主义理念，树立科学的地球观、人地观和发展观，树立家国情怀（支撑毕业要求思政环节：1、2）。

目标 6：野外同舟共济、共同战胜困难，培养学生吃苦耐劳的敬业精神、遵纪守法的组织纪律性、团结友爱的合作和团队意识（支撑毕业要求思政环节：2、3）。

第三节 课程教学中的课程思政指标设计

详细设计见表 3-1。

表 3-1 本课程与毕业要求相关的课程思政指标内涵与对教学目标的支撑

毕业要求中思政Ⅰ级指标	毕业要求中思政Ⅱ级指标	课程思政Ⅱ级指标的内涵	对课程教学目标的支撑
1.家国情怀	1.1 国家认同	参观大自然多姿多彩的自然风光，使学生深切感受祖国山河的壮美，增强爱国主义理念	课程目标 5
	1.2 国土认知	实习区域的自然地理各组成要素的现状考察，有助于学生深切了解我国的基本国情	
	1.3 理想信念	基于实习区域的资源、环境、地质灾害等基本国情，以地学角度思考可持续发展道路，增强学生的社会责任感	

续表

毕业要求中思政Ⅰ级指标	毕业要求中思政Ⅱ级指标	课程思政Ⅱ级指标的内涵	对课程教学目标的支撑
2.学科素养	2.1 时空思维	多姿多彩的自然地理景观是内外营力耦合作用的结果。地层特征反映了区域海陆变迁的地壳演化史。野外实践有助于学生树立科学的地球时空演化观、人地观和发展观	课程目标1、2
	2.2 野外精神	每天长时间行走于各实习点，炎炎烈日下地质测量获取第一手野外数据，实习中穿插阶段性小组汇报，有助于培养学生吃苦耐劳的敬业精神	课程目标6
	2.3 科学精神	为得到科学结论，野外实测需要精益求精，更需要大区域一遍遍实测，培养学生细致严谨的专业态度	课程目标3
	2.4 思维品质	实习以学生为主体，充分调动学生的积极性，实习中各组自定选题，自行查资料、测数据、找证据，培养了学生创新探索精神、数据归纳总结推理能力、模式迁移演绎推导能力	课程目标4
3.团队协作	3.1 协作学习	实习分为若干小组，以小组为单位进行讨论、实测、汇报等，培养学生的团队协作学习意识	课程目标6
	3.2 奉献精神	野外同舟共济、共同战胜困难，培养学生团结友爱的团队精神	课程目标6
4.反思能力	4.1 学业反思	野外实践中，学生需用课堂所学的基本原理、基础知识和基本方法分析所看到的地理现象，巩固了课堂所学，提高了专业技能	课程目标4
	4.2 扩展反思	基于所学理论知识和野外实践，学习将专业知识和社会需求联系起来，从地学角度认识社会的发展	课程目标4

第四节 课程思政指标达成度的考核方法

本科课程思政目标达成度评价：课程评价以本课程每一章节（方向）主讲教师作为评价主体，依托主讲课程的各个评价环节的得分，获取主讲课程的分目标达成度评价。评价结果将交由学院教学委员会，共同对评价结果进行分析，并对课程问题进行及时整改。

评价对象：参加实习课程学习的学生。

评价内容和渠道：主要为学生本门课程的各项考核环节的成绩。

评价方法：采用定量的成绩评价方法，评价包括平时表现、平时测试和期末测试。

课程思政指标达成度=平时表现比例×（Ⅰ级指标平时表现得分/Ⅰ级指标表现总分）
+平时测试比例×（Ⅰ级指标平时测试得分/Ⅰ级指标总分）
+期末考试成绩×（Ⅰ级指标相关考核点得分/分目标期末测试总分）

根据课程分目标达成度可对每一门课程实现课程思政要素指标明确、定量的评价，结合课程体系建设中针对对应课程的预设达成度要求，可定性评价每一门课程的课程思政教学效果达成度情况。

第五节　课程基本设计简介

一、实习基地资源

实习基地资源是顺利开展野外实践教学的基础。本课程长期以来围绕"立德树人"根本任务，以厚植家国情怀、强化国土认知、夯实理论课程教学知识、强化野外实践技能与野外精神为抓手，梳理本学科长期建设的一系列野外实践线路，并围绕课程思政建设的总体设计，形成了"1+2"野外实践基地群，1是指以强化专业理论，夯实专业实践技能，培植野外精神和理想信念为目标的浙江富春江-钱塘江流域野外实习基地，2是指以弥补跨区域认知缺陷与强化国家认同和国土认知为目标建设的贵州喀斯特石漠化治理野外实习基地和新疆北天山野外实习基地。

浙江野外实习基地是本学科长江三角洲野外实习基地群的重要组成部分。浙江省地貌类型众多，地史记录完整，地质遗迹类型多样，人文遗迹丰富，无论从自然地理要素还是从人文地理环境来看，均分布着数量众多的极具典型性、代表性的地理学野外实习点。其中，舟山普陀岛—富春江—富阳—建德—桐庐—杭州野外实践线路，包括普陀岛海岸地貌、天目山土壤植被系统、富春江水文与水资源系统、富阳山地河流地貌、桐庐及建德喀斯特地貌、杭州土壤类型等实习点，集合了山地、丘陵、平原、盆地、河流、湖泊、海洋、洞穴、岛屿等各种自然要素，是亚热带地区地质、地貌、土壤、水文、气候、植被及综合自然地理野外实践教学的理想场所。

（一）普陀岛海岸地貌

舟山群岛是我国最大的群岛。普陀岛是舟山群岛中的一个南北长约8.6km、东西宽仅3.5km的小岛，面临东海，全岛地势由中央向四周逐渐降低，最高峰佛顶山海拔291.3m。普陀岛保存有完整的五级海蚀阶地和三级海积阶地。海湾、沙滩、砾石滩、泥滩、海蚀沟穴、海蚀巷道、海蚀壁龛、海蚀崖、海蚀平台、岬角、天生桥、礁石等地貌俱全。

普陀岛海岸类型可分为四种：基岩海岸、砾滩、沙滩和泥滩。在波潮流作用下，普陀岛海岸类型及沉积物在东、西岸具有明显差别。东岸岩岸和沙滩发育，如百步沙沙滩、千步沙沙滩，在湾岸两翼岬角附近有较粗的卵石堆积物，而不见泥滩。西岸除少数地段岸边有沙、砾沉积物外，泥滩广泛发育，如司基湾、大小水浪泥滩和龙湾等地。

普陀岛的海岸地貌形态和沉积物发育模式，在我国东部沿海地区具有典型代表性。通过对全岛海岸地貌的野外实践，学生可了解各种海岸类型的基本特征，以及水动力（波、潮、流）在海岸地貌塑造中的作用。普陀岛海岸地貌实习现场如图3-2所示。

图 3-2 普陀岛海岸地貌实习现场

（二）天目山土壤植被系统

天目山自然保护区地处中亚热带北缘向北亚热带的过渡地带，拥有区系成分复杂、种群丰富的生物资源，形成了以地理景观和森林植被为主题的较稳定的自然生态系统。该区共有高等植物 246 科 974 属 2160 种，其中国家级保护珍稀植物 35 种（占全国的 9%），濒危植物 19 种，世界仅有的野生古银杏、世界罕见的千年以上的柳杉群落、天目铁树等物种都在天目山受到严格保护。天目山自然保护区植被类型垂直分布明显，海拔由低到高依次为常绿阔叶林、常绿落叶阔叶混交林、高大柳杉林、落叶阔叶林、山顶矮林，此外还有竹林和人工杉木林。

天目山由东、西天目山组成，1956 年，林业部将西天目山划为最早的森林禁伐区之一。1986 年，经国务院批准，西天目山成为全国首批 20 个国家级自然保护区之一，1996 年被接纳为联合国教育、科学及文化组织世界生物圈保护区网络成员。天目山生物资源丰富，被誉为"物种基因库"，为国家教学科研重要基地，被国家授予"全国青少年科技教育基地""全国科普教育基地"等称号，吸引了全国 50 多所高校来天目山进行教学实习，东欧、北美及德国、日本的地质、植物、鸟类、昆虫等科学家也络绎不绝来此考察。天目山土壤植被系统实习现场如图 3-3 所示。

图 3-3 天目山土壤植被系统实习现场

（三）富春江水文与水资源系统

富春江指钱塘江中游河段，为钱塘江桐庐—萧山闻家堰段的别称，流贯桐庐、富阳两县，河段长达 110km，是钱塘江的主要航道。建德梅城—桐庐为上段，称为富春江上游，桐庐—萧山闻家堰为下段，称为富春江下游。富春江一带昔有"小三峡"之称，被誉为"天下佳山水，古今推富春"。1982 年，富春江作为富春江-新安江风景名胜区的重要组成部分，被国务院批准列入第一批国家级风景名胜区名单。富春江江面开阔、堤岸曲折、沙洲棋布、水平如镜，两岸山势舒缓、层次丰富、丘陵起伏、竹木葱茏。

富春江流域水中有山，水行山中，山绕水生，融合众多飞瀑，雄奇岩峰，是观察河流水动力对地貌塑造作用的典型地区。富春江流域山区河流的石质浅滩，平原河流的砂质边滩和心滩、江心洲、阶地等河流地貌类型发育。富春江富阳段实习现场如图 3-4 所示。

科学考察表明，富春江河谷地带在漫长的地质年代中，经历多次海进海退、强烈褶皱和大断裂发育，呈现东北—西南走向的两山夹一江地貌。20 世纪 50 年代，出土于富春江北岸毛竹山的石斧、石刀等文物证明，早在 5000 多年前的新石器时代，富春江就已揭开了人类文明的序幕。

图 3-4 富春江富阳段实习现场

(四) 富阳山地河流地貌

富阳位于浙江省西北部，富春江下游，属杭州市所辖。富阳地势自西南向东北倾斜，地貌以"两山夹一江"为特点。天目山余脉绵亘西北，仙霞岭余脉蜿蜒于境内东南和西南部。平均海拔为 300.5m，江南主峰杏梅尖海拔为 1067.6m，为全区最高点；皇天畈海拔为 5.2m，为全区最低处。全区低山、丘陵面积广大，地貌类型复杂。低山、丘陵面积为 1385km²，占全区总面积的 75.7%，水面积占 5.6%，平原谷地占 18.7%。

富阳有低山、高丘、低丘、谷地、盆地、平原等多种地貌。低山分布于东南部，总面积为 309.1km²，占全区面积的 16.9%，占山地面积的 22.3%。高丘分布在低山外围，分布范围广，面积为 631.9km²，占全区面积的 34.5%，占山区面积的 45.6%。低丘分布在低山、高丘外围和盆地四周，或错落于沿江平原和盆地之中。谷地包括境内东南低山、西北高丘、低丘各类地貌之间的河流冲积、洪积形成的阶地、河谷小平原、河漫滩和河床。平原根据成因和地表形态，分为沿江平原和新登盆地。沿江平原包括沿富春江两岸平原和海积皇天畈潟湖洼地。新登盆地面积为 58.6km²，地势西北倾向东南，渌渚江切割低丘形成开口。富阳山地实习现场如图 3-5 所示。

图 3-5 富阳山地实习现场

(五) 桐庐及建德喀斯特地貌

瑶琳洞位于桐庐县瑶琳镇，洞穴形成于距今 10 万年前，是一个巨大的石灰岩溶洞，面积达 2.8 万 m²。全洞深藏地下、姿态万千，以曲折幽深的洞势地貌、瑰丽多姿的溶石景致而著称。洞景气势雄伟，被誉为"瑶琳仙境"。瑶琳洞系浅埋型石灰岩溶洞，其主体发育于石炭系船山灰岩中。洞体受近东向断裂控制，以及北东向张扭断层的强烈切割，形成北东向构造破碎带。地下水活动强烈，经过溶蚀，形成洞穴。地表上升，基准面下降，产生崩塌，地下水也随之下降，使原来形成的溶洞、地下河抬升，并在饱气带中变成干洞。由于构造破坏，产生大量崩塌，岩溶水循各种结构面向深处流动。经长期溶蚀、侵蚀、崩塌，形成了今天的瑶琳洞，非常适合喀斯特地貌实习。

建德灵栖洞天由地处山麓的灵泉洞、半山腰的清风洞和近山顶的霭云洞三个已开发的自然洞群组成。这三个洞穴除具有一般溶洞的喀斯特景观外，还各具自己的特点。灵泉洞以水称奇，需坐小船进入洞内；清风洞以风取胜，凉风习习，盛夏入内，暑气全消；霭云洞则以灵奇多姿、云雾缭绕而吸引游人。灵栖洞天是新安江-富春江旅游线上的一处风景点。建德灵栖洞天喀斯特地貌实习现场如图 3-6 所示。

图 3-6 建德灵栖洞天喀斯特地貌实习记录

（六）杭州土壤类型

杭州地区地质构造复杂，地貌类型多样。西部、中部和南部属浙西中低山丘陵，山体多高峻，沟谷幽深；东北部为平原，地表江河纵横，湖泊星罗棋布。杭州地区土壤形成环境多样，土壤类型丰富，有中亚热带地带性土壤——红壤和黄壤，有山地土壤，也有各种非地带性自然土壤，如石灰岩土、紫色土、粗骨土和冲积土等。杭州地区也是人类活动频繁的地区，土地利用方式多样，对土壤培育的影响深刻，农业土壤类型也较多。

二、浙江实习基地的核心课程思政资源

利用"分水江观测—分水江河流阶地测量—建德新安江水库—天目山地貌、水文、土壤、植被"综合实践点，将"绿水青山就是金山银山"和"中国方案"的理念通过专业的实践结构植入学生的内心。其中，分水江水文站和阶地测量，以及天目山植物地理实习是课程思政的核心支撑。

在两个实习点，通过水文测量过程促进学生对水文测量基础专业技能的熟练掌握，同时体验精准水文测量的巨大付出。通过与水文站站长胡永成的交流，体会在平凡岗位钻研专业技术、服务国家需求的理念。在天目山植物地理实习点，通过辛勤的野外生态群落结构调研，分析不同受干扰程度自然恢复过程林地的群落结构，并拓展计算其生态承载力，体会生态保育与生态恢复对社会发展的巨大贡献。通过与自然保护区工作人员的深入交流，激发学生以专业知识投身生态环境保护的信念。

在新安江水电站实习点。通过区域构造、岩性和地形、集水区的综合分析，认识新安江水电站选址的地学内涵，更通过多历史时期影像数据，分析这一地区建设水电站建站过程的困难。以此为基础，通过站内的参观，认识新中国第一座水电站建设的艰辛，为学生明确围绕国家需求，创造"中国方案"的重要性。

三、虚拟仿真实践教学平台

结合浙江地理学野外综合实习，围绕地貌、水文、植被、土壤及3S技术[①]等地理学野外实践内容，通过虚拟仿真的方法使学生事先对实习区域有更加直观、深入的了解，在室内能基本了解野外调查方法及3S技术的应用，使野外实践教学能更好地开展。

平台共有五个模块：认识实习区域、野外调查方法、地理现象模拟、实验报告及系统维护（图3-7）。

认识实习区域包括基本情况、虚拟漫游、地貌、水文、植被、土壤及多时相遥感图像等子模块，通过研究区域三维场景的展示和专题图层的叠置，引导学生通过交互操作认识实习区域。如点击"植被"子模块，将显示该子模块的实验内容，学生可按照提示进行操作，并提交实验结果。

---

① 3S技术即遥感（remote sensing，RS）、地理信息系统（geography information system，GIS）和全球导航卫星系统（global navigation satellite system，GNSS）。

图 3-7　地理学野外综合实习虚拟仿真教学平台

　　野外调查方法包括植被样方调查、土壤剖面调查、移动 GIS 应用等子模块，其中，植被样方调查和土壤剖面调查子模块以虚拟仿真形式演示，学生可以进行交互操作；移动 GIS 应用子模块是利用移动设备进行数据采集，并在移动设备或桌面设备上查看采集的数据。

　　地理现象模拟以虚拟仿真形式模拟典型地理现象的形成与发展，如土地利用变化及预测，学生可以设置参数（各种环境条件），显示不同条件下典型地理现象的形成与发展。

　　实验报告模块给学生提供在线输入实验报告界面，点击"提交"按钮，实验报告将被提交到后台。

　　系统维护用于自定义实习区域和实习数据。

四、野外实践教学计划

　　地理学是一门实践性很强的自然科学。作为地理学的学习者，在大自然中进行实地观察是认识地理现象的有效途径。只有通过野外观察，才能真正认识不同性质和类型的地理现象和地理事物，从而加深对地理学基本概念、基本理论和基本思想方法等方面的理解，巩固和拓展地理学知识。野外实践是形成地理学人才区域性、综合性思维的重要基础。通过在不同区域、具有代表性和综合性的自然地理学野外实习基地的实践教学，采用基础知识学习和素质培养并重的教学模式，可以增强学生的感性认识、巩固课堂的教学成果，从而完善学生的基础知识结构，实现增强学生综合思维能力、激发学生创新意识的教学目标。

　　浙江自然地理学综合野外实践，聚焦于自然地理环境各主要组成要素，即地质地貌、水文水资源、土壤植被等，基于多年建设的浙江富春江-钱塘江流域野外实习基地，通过野外实践教学环节，让学生实地观察和识别自然地理环境各组成要素，运用地理学的基本理论和基本知识，分析各要素的基本特征、分布与形成演化规律，力图做到理论和实践相结合（图 3-8）。

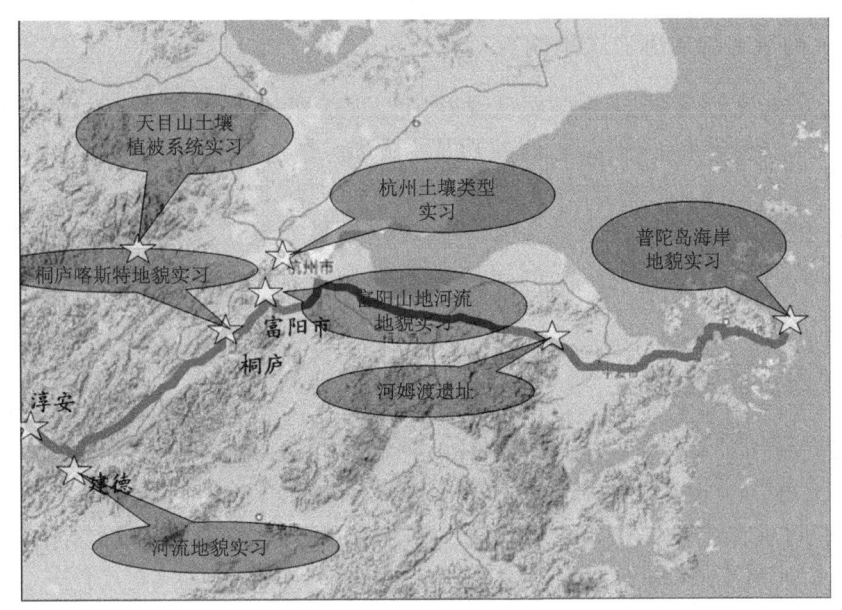

图 3-8 浙江自然地理学综合野外实践路线图

（一）地质实习

观察和描述各实习点的岩石特征、岩石中的主要矿物特征、各种地质构造、主要矿产资源特征、各时代地层特征。从地质学角度解释观察到的各种地貌、植被、水文等现象产生的原因。熟练使用罗盘确定地层、断层、节理等地质体的产状，熟练利用罗盘定向。熟练使用地形图、地质图，熟练运用交会方法判定自己在图上的位置。学习野外地质素描的基本方法，学习野外地质观察点的记录内容、格式。学习在野外选择适当地质剖面进行实测，并将所获数据在室内整理成图。

（二）海岸地貌实习

通过对舟山群岛普陀岛的地貌与第四纪沉积物的野外实习，系统地掌握常见海岸地貌的基础知识。分析普陀岛四种海岸类型（基岩海岸、砾滩、沙滩和泥滩）的分布特征、形成原因和发育过程，识别各种海蚀地貌和海积地貌类型，分析水动力在各海岸地貌类型塑造中的作用，观察各实习点沉积物的物源、粒度及其变化、层面构造、层理构造、底栖生物、沉积地貌分带及各带微地貌等特征。

（三）河流地貌实习

观察富春江、分水江、新安江、钱塘江等河流发育的基本地貌形态，了解河流水动力的基本特征和对地貌的塑造作用。着重观察山区河流的石质浅滩、平原河流的沙质边滩和心滩的形态特征、物质组成、沉积特点，理解河流地貌的形成、河道变迁、地貌发育过程、演变阶段和对区域地貌发育、流域环境及人类社会的影响。

（四）构造地貌和小流域地貌实习

通过对杭州地区的野外实践，观察山地地貌的基本地貌单元、组成和形态，分析内、外力地质作用在山地地貌形成和改造过程中的作用，掌握山地地貌形成和发育的基本规律。观察由构造运动所形成的各种地貌类型。分析山地地貌、丘陵地貌和平原地貌形成的构造背景、基本条件、相互演变关系和基本发育规律。通过对河流阶地、第四纪沉积物等的观察，分析新构造运动对地貌形成的控制作用。

（五）喀斯特地貌实习

通过对桐庐和建德的地上和地下喀斯特地貌野外实践，观察流水侵蚀、溶蚀对可溶性岩石作用所形成的各种侵蚀地貌类型和沉积地貌类型；掌握喀斯特地貌的发育基本条件、地貌特点、物质组成、发育过程和规律；了解喀斯特风景资源的开发、利用和保护的基本原理。

（六）土壤地理实习

通过对天目山土壤地理野外实践，学习和掌握土壤野外调查的方法和技能，重点是学习土壤调查路线的选择、土壤剖面的选点和描述、土壤标本与样品的采集。结合实际剖面观测资料，认识中亚热带土壤发生发育、形成的基本特征和规律，认识中亚热带山地的主要土壤类型和垂直变化规律。了解杭州地区成土环境条件的变化、主要的土壤类型和性质特征，以及土壤的地域分布规律。调查杭州地区土壤资源类型，并分析土壤资源利用的现状是否合理、存在的问题和对土壤保护及环境的影响。

（七）植被地理实习

通过对天目山的野外实践，了解一个地区植物区系的特点，识别常见的植物种类；加深对植被群落的概念、主要植物群落的外貌、结构、功能、动态和群落的类型等内容的理解，学会分析不同地区植被演替过程、序列和演替的动力；学习并掌握群落野外调查的方法；学习并掌握植物标本的采集、记录和制作方法；结合自然地理的综合实习，深入认识植被与气候、植被与地形地貌、植被与土壤之间的关系，分析人类活动对植被分布的影响。

（八）水文与水资源实习

富春江水文实习，内容有水位观测、流量测验、泥沙测验等，学习水位、流量监测方法，学习水尺、自记水位台、水文缆道等相关设备的使用。通过对新安江水电站的参观实习，了解水库的水文特征及对环境的影响，了解水库的设计标准和装机容量，观察水库库区淤积与坝下冲刷现状，分析水库与周边环境的关系。

五、实习总则与细则

（一）实习总则

通过选取具有典型性、综合性、代表性的不同自然特征区域，让学生野外实地识别和观察自然地理各要素的形成、特点、发展演变和分布规律，运用自然地理学的基本理论、基本知识，分析各自然地理区域的基本特征、形成与分布规律，以及各自然要素的相互关系，做到理论和实践的统一。通过野外实践，完善地学本科教学的基础知识结构，完成不同学科的交叉渗透，实现本科教育知识、能力、素质并重的培养模式，以及综合思维、能力训练、激发创新意识的教学目标。在实习中应注重素质培养与业务教育的结合，要充分调动学生的积极性和主动性，培养学生的思维能力和分析问题、解决问题的能力。

（二）野外实践考评

评分等级：野外实践成绩分为优、良、中、及格和不及格。优秀人数一般不超过学生总人数的20%。

考评方式：野外实践过程中的综合表现占50%；实习总结报告占50%。

（1）野外实践过程中的综合表现，包括实习中地理知识点的掌握情况、地质罗盘等仪器的操作能力、野外实践中的组织纪律、学习态度等日常表现。

（2）野外实践实习报告。实习报告应以详细的事实为依据，分析各种地质、地貌、土壤、水文、植被等地理要素和发展过程，要求图文并茂，言简意赅，并包含实习心得感悟等思政内容。

浙江自然地理学综合野外实践考评具体内容见表3-2。

表3-2　浙江自然地理学综合野外实践考评具体内容

考评项	课程目标	评分标准			
		优	良	中	及格	不及格
野外实践过程中的综合表现	掌握所学基本原理、基础知识	熟练掌握基本理论和基础知识	基本掌握基本理论和基础知识	掌握多数基本理论和基础知识	大体掌握基本理论和基础知识	基本理论和基础知识不熟悉，出现关键错误
	掌握野外调查、记录、标本采集等基本技能	熟练掌握各项野外基本技能	基本掌握各项野外基本技能	掌握多数野外基本技能	大体掌握各项野外基本技能	没有掌握各项野外基本技能
	野外实践中的思政表现	带领小组成员，完成各项任务，克服遇到的生活困难	吃苦耐劳，遵守纪律，团结友爱，帮助同学	吃苦耐劳，遵守纪律	在小组成员的帮助下，能完成安排的实习任务，能克服遇到的生活困难	态度不端正，违反安全组织纪律
实习报告质量	归纳野外获得的资料数据，完成实习报告	实习报告内容准确完整，文辞优美	实习报告有少量错误，或内容有少量缺失	实习报告有少量错误，且内容有少量缺失	实习报告错误较多，或内容缺失严重	实习报告错误较多，且内容缺失严重

（三）实习总结

野外实践结束时，全体教师在实习领队的组织下开展野外实践汇报考评工作。学生以小组为单位完成 20 分钟的野外实践总结，小组汇报内容包括野外实践过程记录，基本测量、实践结果展示，拓展工作汇报，实习心得体会等。

带教教师对每个小组的报告进行点评，对关键问题环节进行细致解构，并分析野外实践教学效果，指出本次实习的成功、不足或有待改进之处等。

第六节　教学过程设计

一、野外实践前的室内教学（支撑课程目标 1、2）

（一）教学点

闵行校区，第三教学楼 109 室。

（二）教学内容

介绍野外实践地区的主要自然地理特征和野外实践内容。

介绍野外实践仪器的操作方法、地形图和地质图等资料的判读。

介绍野外实践的具体目标、基本要求、组织纪律、分组情况、必须准备等。

要求学生：在野外实践出发之前，初步了解实习区域的自然地理概况、需要掌握的野外实践技能、野外实践的具体内容和基本要求等。

（三）思政融合教学重点

思政融合教学重点如表 3-3 所示。

表 3-3　思政融合教学重点

课程思政教学内容	专业教学与课程思政的融合	融合讲解策略
实习区的自然地理特征	实习区的自然地理特征（国家认同、国土认知）	教师通过照片、影像资料等介绍实习区的基本概况
野外实践仪器操作方法	地质罗盘的使用方法（细致严谨的专业态度）	学生手持地质罗盘，跟着教师学习操作方法
地形图、地质图的判读	地质图的不同颜色填图（实习区的国土认知，细致严谨的专业态度）	学生手持实习区地形图和地质图，按要求用不同颜色进行填图，了解实习区整体地质地貌
野外实践的实施模式和组织安全纪律	野外实践的实施模式和纪律要求	教师回顾历年实习中出现的问题，提出野外要求和违纪处理措施

(四)课后练习

(1)在预习阶段学生需要利用虚拟仿真实验教学平台,虚拟练习野外土壤样品采集、植被样方调查等,通过虚拟仿真实验对关键难点提前熟悉,以便提高野外实践效率和安全性。

本课程虚拟仿真网站:http://122.112.231.165/TMS/src/webapp/index.html

本课程虚拟实习网站二维码:

(2)完成实习区富春江流域基本地质背景(包括岩性特征、构造特征、地史演化)、地貌类型、土壤类型、植被类型的识记。

(3)依托虚拟仿真系统,完成1∶5万行政区图与对应地质图、地貌类型图和土壤类型图的配准工作。

二、地质野外实践(支撑课程目标1、2、4、5、6)

(一)教学点

杭州西湖周边。

(二)教学目的

通过野外实践对地质事物的深入观察和实际接触,才能对地质学各领域所涉及的广泛内容获得生动的感性认识,从而加深对课堂所学知识的理解,为今后学习其他课程打下坚实的基础。通过野外实践,还可以学习地质调查的基本方法,训练在野外收集一手资料和采集实物标本的技能,这有助于培养学生的动手能力。

(三)教学内容

1)地质实习基本技能

(1)熟练使用罗盘确定地层、断层、节理等地质体的产状,熟练利用罗盘定向。

(2)熟练使用地形图、地质图,熟练用交会方法判定自己在图上的位置。

(3)学习野外地质素描的基本方法,学习野外地质观察点的记录内容、格式。

(4)学习在野外选择适当地质剖面进行实测,并将所获数据在室内整理成图。

2)地质实习专业知识

(1)观察和描述实习区各时代地层的主要特征,包括岩性、颜色、组分、结构、构造、特殊构造、胶结状态、风化程度、化石特点、地层接触关系等。

(2)观察和描述岩石中的主要矿物特征,包括矿物的颜色、形态、颗粒大小、晶体特点,硬度、比重、解理、断口、集合体形态、共生矿物组合及产出状态等。

(3)观察、描述和采集地层中的化石,包括化石的门类、形态特点、保存部位、数量多寡、共生化石种类及保存化石的岩性特征等。

（4）观察和描述各种地质构造，包括褶皱的形态，组成褶皱两翼和核部岩层的性质和时代，褶皱轴面产状，与褶皱伴生的构造现象，断层的类型，断层面产状，是否发育断层泥和碎裂岩、角砾岩，断层两盘相对位移情况，节理的发育程度与岩性的关系，节理面产状，节理与断层的区别等。

（5）观察和描述实习地区的主要矿产资源特征，包括成矿条件、岩层发育、成矿部位、围岩蚀变特点、矿物共生组合等。

（6）从地质学角度解释观察到的各种地貌、植被、水文等现象产生的原因。如"逢沟必断"、石灰岩山头和砂页岩山头植被的差别、泉水或温泉产生的地质依据等。

3）思政融合教学重点

思政融合教学重点如表 3-4 所示。

表 3-4　思政融合教学重点

课程思政教学内容	专业教学与课程思政的融合	融合讲解策略
杭州地区的地层特征	杭州地区地层的出露状况、岩石类型、矿物组成	实地考察各时代的出露地层，观察与描述地层的主要特征
杭州地区的地质构造特征	杭州西湖复向斜地质剖面特征	基于西湖复向斜地质剖面大背景，讨论杭州三大名泉的成因差异
杭州地区的地壳演化简史	杭州地区的地壳演化历史	依据杭州山水地貌格局，结合地质构造特征和地层特征，分析杭州地区中生代以来的地壳演化简史
使用地质罗盘确定地质体的产状	使用地质工具获取第一手野外数据资料	以小组为单位，分工协作，使用罗盘测量产状，获取第一手野外数据
学习野外地质观察点的记录	学习野外地质观察点的记录内容、格式	通过教师讲授、师生互动、小组讨论等方式学习野外记录方法

4）课后练习

（1）利用虚拟仿真系统完成杭州西湖成因分析；

（2）完成杭州地区地质图填图工作；

（3）撰写地质学实习报告，内容包含知识学习、技能训练和实习过程的反思体会。

三、地貌野外实践（支撑课程目标 1、2、4、5、6）

（一）实习教学点

杭州九溪十八涧（图 3-9）——小流域地貌；富阳富春江-新沙岛（图 3-10）——河流地貌；建德灵栖洞天景区——喀斯特地貌；普陀岛——海岸地貌。

图 3-9　九溪十八涧野外集中讲解过程

图 3-10　地貌野外实践现场——新沙岛实习记录

（二）教学目的

通过对实习区地貌与第四纪沉积物的野外观察、分析和必要的勘测，填绘平面图、剖面图，学生能进一步掌握课堂上学习的基本理论与知识，掌握野外工作的基本方法和技能。同时还可以锤炼学生野外吃苦耐劳的地学精神，强化对国情的认知和团队协作精神。

（三）教学内容

1）河流地貌实习

观察富春江、分水江、新安江、钱塘江等河流发育的基本地貌形态，了解河流水动力的基本特征和对地貌的塑造作用。着重观察山区河流的石质浅滩、平原河流的沙质边滩和心滩的形态特征、物质组成、沉积特点，理解河流地貌的形成、河道变迁、地貌发育过程、演变阶段和对区域地貌发育、流域环境和人类社会的影响。

2）构造地貌和小流域地貌实习

通过对杭州地区的野外实践，观察山地地貌的基本地貌单元、组成和形态，分析内、外力地质作用在山地地貌形成和改造过程中的作用，掌握山地地貌形成和发育的基本规律。观察由构造运动所形成的各种地貌类型。分析山地地貌、丘陵地貌和平原地貌形成的构造背景、基本条件、相互演变关系和基本发育规律。通过对河流阶地、第四纪沉积物等的观察，分析新构造运动对地貌形成的控制作用。

3）喀斯特地貌实习

通过对桐庐和建德的地上和地下喀斯特地貌野外实践，观察流水侵蚀、溶蚀对可溶性岩石作用所形成的各种侵蚀地貌类型和沉积地貌类型；掌握喀斯特地貌的发育基本条件、地貌特点、物质组成、发育过程和规律；了解喀斯特风景资源的开发、利用和保护的基本原理。

4）海岸地貌实习

通过对舟山群岛普陀岛的地貌与第四纪沉积物的野外实践，系统掌握常见海岸地貌的基础知识。分析普陀岛四种海岸类型（基岩海岸、砾滩、沙滩和泥滩）的分布特征、形成原因和发育过程，识别各种海蚀地貌和海积地貌类型，分析水动力在各海岸地貌类型塑造中的作用，观察各实习点沉积物的物源、粒度及其变化、层面构造、层理构造、底栖生物、沉积地貌分带及各带微地貌等特征。

（四）思政融合教学重点

思政融合教学重点如表3-5所示。

表3-5 思政融合教学重点

课程思政教学内容	专业教学与课程思政的融合	融合讲解策略
浙江河流地貌的发育特征	富春江-钱塘江流域河流发育的基本地貌形态	以学生小组讨论为主、教师讲授为辅，结合师生互动、分组汇报等方式进行，充分发挥学生的主动性、探索性、团队协作性。徒步考察各实习点，感受大自然的地貌风情，树立家国情怀
杭州构造地貌和小流域地貌特征	杭州九溪十八涧的发育特征及成因分析	
浙江西部喀斯特地貌发育特征	建德灵泉洞、清风洞、霭云洞外小石林的发育特征	
普陀岛海岸地貌发育特征	普陀岛海蚀地貌和海积地貌特征	

（五）课后练习

（1）利用虚拟仿真野外实践系统分析岩性与构造对杭州区域山岭分布的影响；

（2）完成龙井村集水区面积计算工作；

（3）完成九溪十八涧河流阶地记录与成因类型分析；

（4）完成分水江阶地古水流流向分析，探讨分水江古阶地类型和成因；

（5）完成新沙岛沉积柱样的固定与柱样剖面特征、分层颗粒野外分析报告；

（6）完成富春江江心洲分布特征与构造岩性联系的叠置分析工作；

（7）完成灵栖洞天多层洞穴基本地质特征的记录及成因分析；

（8）完成普陀岛波浪破碎特征记录，海岸带均衡剖面测量记录，主要海岸地貌类型记录，分析普陀岛多级海蚀阶地及海岸地貌的成因与环境意义；

（9）完成对地貌部分野外实践理论知识、专业技能和野外工作体验的反思。

四、水文与水资源野外实践（支撑课程目标 1、2、4、5、6）

（一）实习教学点

新安江水电站；分水江水文站；天目山天目溪小流域观测站。

（二）教学目的

结合长江三角洲水体和水环境特点，使课堂教学中学习的知识在野外得以验证、巩固，培养学生认识自然地理现象、总结规律和知识的能力；通过野外实地考察、观测和分析，以及课堂知识印证，加深学生对水文与水资源知识和理论的理解及掌握，使学生学会利用水文与水资源基本理论知识分析水文现象、探讨水资源问题的方法；通过野外考察、现场观测和样品分析，教授学生掌握水文与水资源野外观测仪器的使用方法，使学生具有野外工作的基本经验和仪器操作技能；培养学生不畏艰辛，勇于克服困难的精神风貌；增进学生间的团结友爱、互相帮助，进行集体观念和纪律性教育，培养优良的团队精神。

（三）教学内容

富春江水文实习，内容有水位观测、流量测验、泥沙测验等，主要学习水位、流量监测方法，学习水尺、自记水位台、水文缆道等相关设备的使用。通过对新安江水电站的参观实习，了解水库的水文特征及对环境的影响，了解水库的设计标准和装机容量，观察水库库区淤积与坝下冲刷现状，分析水库与周边环境的关系。

进行富春江、分水江、天目溪典型河段水质样品采集与水质水化学分析。训练学生分层水质采样的技能和利用便携式水质分析仪器进行野外水质测量的能力。

（四）思政融合教学重点

思政融合教学重点如表 3-6 所示。

表 3-6 思政融合教学重点

课程思政教学内容	专业教学与课程思政的融合	主要教学方法	融合讲解策略
分水江水文站水文实习	在专业平凡的岗位，精研专业技术，服务社会是地学人应坚守的理想	了解水文仪器的测量操作	学习分水水文测量历史与贡献，体会地学人坚守基层，踏实敬业的精神
	学习河流水位、流量、水温等监测	观察、学习分水江水文站的水文监测过程	在水文站内，工作人员现场操作水尺、自记水位台、水文缆道等相关设备，演示水文监测方法
新安江水电站水文与水资源实习	新安江水电站的环境影响；千岛湖库区水体利用规划	农夫山泉矿泉水企业的发展过程	结合新安江水电站的建设过程和千岛湖库区的环境保护措施，介绍农夫山泉矿泉水企业的发展过程，介绍杭州规划引水利用千岛湖库区水体的开发设想
野外水样采集与主要的水质参数测定	分水江上中下游水质采样与分析；天目山天目溪源头与下游水质采样与水质分析	通过实践操作练习	通过野外采样的细致工作、精益求精，在实际工作中体会科学精神和地学野外精神
思维训练目标	思维训练内容	关键要点	组织形式
形式逻辑（归纳与演绎逻辑）、批判性思维、地理综合思维	利用富春江流域定点测量和前期的区域宏观尺度的数据信息，掌握以微观测量归纳宏观水文的方法；按照归纳形成的微观测量与宏观水文特征关联理念，推演至新的区域认知。对天目山冰川大峡谷地貌、沉积要素进行系统考察测量，对天目山是否有冰川从地理综合性思维进行分析	典型样地的归纳总结；待测训练样地的演绎推理与验证；东部冰川的形成的批判性认识	在教师指导下，小组练习完成归纳总结工作；对于训练样地，小组自主完成演绎分析，并通过小组考核进行评价

（五）课后练习

（1）进行分水江水文监测数据整理分析，根据流速剖面记录，计算径流量；
（2）开展野外实践点采样站位水质分析工作。

五、土壤地理学野外实践（支撑课程目标 1、2、4、5、6）

（一）实习点—天目山实习点

线路一：山麓地带（保护区管理站）—红庙。
线路二：禅源寺—五里亭—大树王—开山老殿—仙人顶（图 3-11）。

（二）教学目的

通过土壤地理野外实践，应用、验证和巩固土壤地理课堂教学所学的理论与知识；学习和掌握常规土壤调查与研究的基本技能和方法，并在野外实践过程中发现问题、思考问题和解决问题，培养和训练科学研究的能力。强化学生对国情的认知，培养学生吃苦耐劳的地学野外精神和团队协作与反思能力。

图 3-11　土壤地理学野外实践记录

（三）教学内容

通过对天目山土壤地理野外实践，学习和掌握土壤野外调查的方法和技能，重点是学习土壤调查路线的选择、土壤剖面的选点和描述、土壤标本与样品的采集。结合实际剖面观测资料，认识中亚热带土壤发生发育、形成的基本特征和规律，认识中亚热带山地主要土壤类型和垂直变化规律，了解杭州地区成土环境条件的变化、主要的土壤类型和性质特征，以及土壤的地域分布规律。调查杭州地区土壤资源类型，并分析土壤资源利用的现状是否合理、存在的问题及对土壤保护和环境的影响。

（四）思政融合教学重点

思政融合教学重点如表 3-7 所示。

表 3-7　思政融合教学重点

课程思政教学内容	专业教学与课程思政的融合	主要教学方法	融合讲解策略
天目山常见的土壤类型	识别天目山土壤类型的基本特征，分析其成土环境	天目山各条实习线路的步行考察	在各条实习线路考察中，教师讲授与师生互动相结合
土壤剖面的设置、挖掘和描述	掌握土壤剖面的设置、挖掘、观察与描述记载	选择适当位置，设置、挖掘土壤剖面	土壤剖面可分为自然剖面和人工剖面，自然剖面要剥去表面旧土。学生填写土壤剖面观察和记载表
土壤标本的采集和保存	掌握天目山土壤标本的采集	选择适当位置，设置、挖掘土壤剖面，进行标本采集	教师现场演示与学生土壤标本动手采集相结合

续表

课程思政教学内容	专业教学与课程思政的融合	主要教学方法	融合讲解策略
天目山土壤垂直地带性分布规律	实地考察亚热带山地的土壤垂直地带性分布规律	天目山各条实习线路的步行考察	以学生小组讨论为主、教师讲授为辅,结合师生互动等方式进行
思维训练目标	思维训练内容	关键要点	组织形式
形式逻辑(归纳与演绎逻辑)、批判思维	通过对天目山土壤的基带土壤剖面的测量,归纳微观要素测量对宏观土壤特征的影响;在海拔800m和1200m高度以演绎法推演土壤剖面的基本特征,并通过实测进行验证;对基带非地带性土壤成因进行批判性认识	典型样地的归纳总结;待测训练样地的演绎推理与验证	在教师指导下,小组练习完成归纳总结工作;对于训练样地,小组自主完成演绎分析,并通过小组考核进行评价

(五)课后练习

(1)各条地理野外线路土壤采集样品的整理、规整,制作土壤柱样标本;

(2)结合地质、地貌、气候数据,分析基带土壤空间异质性与不同高度土壤类型差异的原因。

六、植被地理学野外实践(支撑课程目标1、2、4、5、6)

(一)实习教学点—天目山实习点

线路一:山麓地带(保护区管理站)—红庙。
线路二:象鼻山。
线路三:禅源寺—五里亭—大树王—开山老殿—仙人顶。

(二)教学目的

通过野外实践,了解一个地区植物区系的特点,识别常见的植物种类;加深对植被群落的概念、主要植物群落的外貌、结构、功能、动态和群落的类型等内容的理解,学会分析不同地区植被演替过程、序列和演替的动力;学习并掌握群落野外调查的方法;结合自然地理的综合实习,深入认识植被与气候、植被与地貌、植被与土壤之间的关系,分析人类活动对植被分布的影响。同时,通过野外实践,可以培养学生的实际观察和动手能力,锻炼学生的意志品质和吃苦能力,增进相互之间的交流和团结合作。

(三)教学内容

依托天目山自然保护区典型植被群落,开展植物种类辨别和植物种群调查的技能训练,开展植物标本的制作,进行环境因子数据采集与植被空间分布调查及其分析的工作。

(四)思政融合教学重点

思政融合教学重点如表3-8所示。

表 3-8 思政融合教学重点

课程思政教学内容	专业教学与课程思政的融合	主要教学方法	融合讲解策略
天目山常见植物类群和种群的识别	天目山各条实习线路的植被类型和常见植物考察	天目山各条实习线路的步行考察	在实地考察中，教师讲授与师生互动相结合
植物群落组成的调查与分析	掌握植物样方野外调查方法	选择适当位置，设置植被样方，进行实地调查	以小组为单位，分工协作，进行样方实地调查
植物标本的采集和制作	掌握植物标本的采集、记录和制作方法	选择适当位置，进行植物标本采集	教师野外现场演示种子植物、蕨类植物、苔藓植物的标本采集方法，要求学生分组采集
天目山植被垂直地带性分布规律	实地考察亚热带山地的植被垂直地带性分布规律	天目山各条实习线路的步行考察	以学生小组讨论为主、教师讲授为辅，结合师生互动等方式进行
思维训练目标	思维训练内容	关键要点	组织形式
形式逻辑（归纳与演绎逻辑）、批判思维	通过对天目山土壤的基带植被系统的测量，归纳微观要素测量对宏观土壤特征的影响；在海拔800m和1200m高度以演绎法推演植被系统的基本特征，并通过实测进行验证；天目山柳杉林对话成因的调查与分析	典型样地的归纳总结；待测训练样地的演绎推理与验证	在教师指导下，小组练习完成归纳总结工作；对于训练样地，小组自主完成演绎分析，并通过小组考核进行评价

（五）课后练习

（1）完成野外采集植物样品的标本制作工作；
（2）完成野外样方统计的数据整理和汇总工作，撰写记录日志；
（3）撰写每日实习心得体会和反思。

七、野外实践总结报告撰写（支撑课程目标 1、2、3、4、5、6）

学生要在野外实践结束后撰写实习报告，完成野外资料和素材的系统整理，归纳野外获得的第一手资料数据，并通过资料查询、文献检索等方法，总结实习内容和实习收获，记录实习过程和心得感悟。实习报告于野外实践结束两周之内上交，鼓励学生撰写专题论文。在此过程中，培养学生的实验设计、操作、分析、归纳、整理能力与学术撰写能力。

思政融合教学重点如表3-9所示。

表 3-9 思政融合教学重点

课程思政教学内容	专业教学与课程思政的融合	课程思政主要案例	思政融合讲解策略
浙江自然地理野外实践总结报告撰写	在实习报告撰写中要求学生对数据的准确性、描述的客观性进行严格把关。增加实习感受内容	往期优秀实习报告的展示	在学生开展报告撰写前，依托往期优秀实习报告，细致讲解实习报告撰写的要求。在实习报告评价完成后，组织学生集中进行实习报告的讲评

第七节 课程教学方法

本节提出适合本课程教学活动所运用的主要教学手段和方法，教学方法应对以下内容清晰描述。

本课程分为三个阶段：室内教学阶段、野外实践教学阶段、实习报告撰写阶段。

一、室内教学阶段

以教师讲授、手标本展示、照片、影像等资料相结合的教学方式，介绍野外实践地区的区域地理特征，实习仪器操作方法，地形图、地质图的判读等，使学生初步了解实习区域的地理概况和需要掌握的实习技能。介绍野外实践的总体目标、基本要求、安全组织纪律、生活必需品准备等，以保障野外实践的顺利进行。

二、野外实践教学阶段

野外实践阶段，以学生动手为主、教师讲授为辅的方式进行，并结合师生互动、分组讨论等方式帮助学生强化理解观察到的地理现象，并运用地学理论进行解释。野外实践过程中，以学生为主体，实施学生自我管理、主动参与为主的管理方式。教师采用启发式、讨论式、研究式的教学方法，充分调动学生的积极性和主动性。教师在每个实习地点对实习内容进行现场讲解，设置若干问题启发学生，以加强学生对于理论知识的理解，强化学生理论联系实际的能力。学生以小组为单位，现场实测、分析讨论。实习过程中，要求学生每天个人小结、小组讨论和总结实习内容，教师每天进行教学检查和答疑解惑。

采用启发式、讨论式、互动式的教学方法，旨在培养学生的观察能力、动手能力和自学能力。通过让学生观察研究、分析地理现象，采集样本、收集相关素材、思考讨论问题，培养学生的自主学习、探究性学习和合作学习能力，提高学生的动手能力、获取信息能力、观察思考和分析问题的能力，激发学生的探究精神、集体主义精神和家国情怀。

三、实习报告撰写阶段

学生要在野外实践结束后撰写实习报告，完成野外资料和素材的系统整理，归纳总结实习内容和实习收获，记录实习过程和心得感悟。实习报告于野外实践结束两周之内上交，同时鼓励学生撰写专题论文，综合考核学生的实习效果。

第八节 考 核 方 式

一、将思政元素考评融入课程考核

主要通过野外实践过程中的表现与实习报告相结合的模式进行考核。

（1）野外实践过程中的表现（该部分成绩占总成绩的 20%），包括地理知识点的掌握情况、地质罗盘等仪器的操作能力、野外实践中的组织纪律、学习态度等日常表现。

每日对学生实习成效进行考核，促进学生的及时总结，对学生进行高强度考验，提升学生的抗压能力、野外精神与团队协作能力（图 3-12）。

图 3-12 学生进行每日小组考评现场

（2）在野外实践的最后阶段采取小组考评的模式对每个小组的整体实习情况进行考评。小组汇报的内容包括小组实习记录、协同实习成果、探究性问题的思考，自然地理对社会生活的影响思考和实习的团队反思（该部分成绩占总成绩的 30%）（图 3-13）。

图 3-13 野外实践团组总结汇报过程

优秀实习小组汇报点评

根据各位教师的记录,该小组在实习过程中均能全员积极参与实习,并实现有效分工合作,团队协作目标的达成度高。在小组汇报中小组团体成员参与汇报,体现了小组的团结,汇报内容丰富,除了实习记录外还拓展收集了相关的数据,查阅了相关的文献,汇报呈现效果好,对实习中的人文关怀、实习生态环境建设等议题进行了深入探讨,能基于实习调查数据对习近平总书记的"绿水青山就是金山银山"发展理念进行深入领会。

(3)实习总结报告(该部分成绩占总成绩的 50%)。实习报告应以详细的事实为依据,分析各种地质、地貌、土壤、水文、植被等地理要素和发展过程,要求文图并茂,言简意赅,并包含实习心得感悟等思政内容。

二、成绩评定

评分等级:分为优秀、良好、中等、及格和不及格。优秀人数一般不超过学生总人数的 20%。考评范围:业务(包括实习报告)占 50%,学习态度占 30%,组织纪律占 20%。评分等级细则见表 3-10。

表 3-10 评分等级细则

课程目标	野外实践中表现占分比例/%	实习总结报告占分比例/%	课程分目标达成评价方法
1	20	20	分目标达成度=$a\%$×分目标评定方式 1 平均成绩/分目标总分 +$b\%$×分目标评定方式 2 平均成绩/分目标总分 +$n\%$×分目标评定方式 n 平均成绩/分目标总分 ($a\%+b\%+\cdots n\%=100\%$)
2	20	20	
3	0	30	
4	20	10	
5	20	10	
6	20	10	

三、课程教学参考资料

郑祥民. 2012. 浙江自然地理学野外实习教程. 北京:科学出版社.
夏邦栋. 1986. 宁苏杭地区地质认识实习指南. 南京:南京大学出版社.
其他学习资源:华东师范大学自然地理学野外实习虚拟仿真系统.

四、评分标准

目标 1:掌握所学基本原理、基础知识和基本方法(支撑毕业要求思政环节:1、2、4)。

目标 2:掌握野外仪器使用、野外记录方法、样方调查、标本采集等基本技能(支撑毕业要求思政环节:1、2、4)。

目标 3：归纳野外获得的第一手资料数据，完成实习总结报告（支撑毕业要求思政环节：2、4）。

目标 4：野外同舟共济、共同战胜困难，培养学生吃苦耐劳的敬业精神、遵纪守法的组织纪律性、团结友爱的合作和团队意识（支撑毕业要求思政环节：2、3）。

考核的具体内容如表 3-11 所示。

表 3-11 考核具体内容

课程目标	评分标准				
	90~100	80~89	70~79	60~69	0~59
掌握所学基本原理、基础知识和基本方法	熟练掌握基本理论和基础知识	基本掌握基本理论和基础知识	掌握多数基本理论和基础知识	大致掌握基本理论和基础知识	基本理论和基础知识不熟悉，出现关键性错误
掌握野外仪器使用、野外记录、样方调查、标本采集等基本技能	熟练掌握各项野外基本技能	基本掌握各项野外基本技能	掌握多数野外基本技能	大致掌握各项野外基本技能	没有掌握各项野外基本技能
归纳野外获得的资料数据，完成实习报告	实习报告内容准确完整，文辞优美	实习报告有少量错误，或内容有少量缺失	实习报告有少量错误，且内容有少量缺失	实习报告错误较多，或内容缺失严重	实习报告错误较多，且内容缺失严重
野外实践过程中的综合表现	带领小组成员圆满完成各项实习任务，协调小组成员克服遇到的生活困难。吃苦耐劳，遵守纪律	帮助小组成员圆满完成各项实习任务，帮助小组成员克服遇到的生活困难。吃苦耐劳，遵守纪律	能完成小组安排的各项实习任务，能克服自身遇到的生活困难。吃苦耐劳，遵守纪律	在小组成员帮助下，能完成小组安排的各项实习任务。在小组成员帮助下，能克服遇到的生活困难。遵守纪律	态度不端正，违反安全组织纪律

第九节　对学生实习总结中思政环节元素的反思

1）专业教学目标顺利达成

从三位同学的总结思考可以发现，大家都一致认为通过实践教学夯实了理论课知识，掌握了自然地理学野外实践的基本调查技能、调查规范、野外综合分析能力和野外数据拓展分析能力。野外实践教学是一种高效的学习方式（根据三位同学在野外实践阶段性测试和总结报告，三位同学认真投入了野外实践学习，野外记录翔实，数据的总结与大数据拓展工作丰富，积极参与了团队的协同实习，学习成果丰硕）。

2）思政素养有了超越性提升

野外实践虽然是在酷暑高温下跋山涉水，每晚还要投入紧张的野外记录整理、拓展数据分析、小组每日考评等工作环节，学习压力比理论课教学显著增加，但是学生都非常认可这一模式，将野外跋涉的辛劳作为知识提升的重要组成部分，达成了预设的培养地学野外精神、提升科学素养的目标。同时从实习总结来看，学生在实习过程不仅仅局限于本专业知识和能力的学习、提升，也从专业出发关注身边的社会现象、生态环境问题，实现了润物细无声的课程思政教学目标。

第四章 地理科学类专业实践教学的教学设计样例

第一节 分水江河流阶地测量实习课程思政教学设计

一、教学内容

辨识河流阶地与古河道流向。

二、教学地点

分水江垂云通天河段（钱塘江支流），29.92°N，119.53°E，如图4-1所示。

图4-1 河流阶地测量实习点

三、教学实施背景

【该内容在学科中的地位】河流阶地是河谷地貌中最突出的地貌特征之一。在山地河谷中，河流阶地是人类最早开发利用和居住的场所之一，阶地各类特征（如阶地面拔河高度、阶地沉积特征）也是相关河流的流域内古气候变迁、古水文和新构造运动及河流侵蚀基准面升降的重要记录。因此在野外开展的阶地辨识、阶地沉积物的分析等训练是地貌学实践教学的重要组成部分。河流边滩和心滩等浅滩地貌部位发育典型的河漫滩"二元结构",下部发育平水期粗粒沉积物,上部发育相对细的沉积物,河流整个流域的不同部位,"二元结构"的组合形态有所变化。在河流的中上游,主要发育砾石与砂的"二元结构"组合,而河流的中下游主要发育砂-泥组合"二元结构"。河流二元结构的辨识,特别是对埋藏二元结构的辨识,对于认识古河道、阶地的演化具有重要的意义,河漫滩与阶地"二元结构"沉积的测量是该地貌形态辨识与研究的核心。我国通过对河漫滩与阶地"二元结构"沉积的辨识,在重建区域构造隆升历史方面研究取得了辉煌的成就,特别是兰州九州台河流阶地记录的青藏高原阶段性隆升的历史,成为我国地球科学界的重要贡献。为此,河漫滩与阶地"二元结构"沉积的辨识与测量一直是自然地理学野外实践的重要组成部分。

【实习点位选择的目的】本课程选择富春江重要支流分水江中游典型河流阶地(图 4-2),开展河流阶地二元结构的辨识与测量实践工作。这一选择与前期在该区域开展的河流水文学实习工作形成良好的协同。此外,该实习点的河流阶地类型典型,阶地为砂-砾石组合,便于初学者掌握测量技术。

图 4-2 分水江中游典型河流阶地

【课程思政元素分析】本实习点属于整个浙江野外实践基地的极为重要的组成部分,具有支撑通过浙江基地强化学生对"绿水青山就是金山银山"的生态文明价值观认同的重要作用(对【国家认同】和【国土认知】形成强支撑)。同时本实习点工作是在完成分水江水文站水文实习后开展的,对于落实与深入领会在分水江水文站学习的习近平总书记在浙江工作期间视察分水江水文站时对地学工作的指示精神具有重要的支撑(对【理想信念】形成强支撑)。本实习点工作基本在酷暑中进行,每年 8 月中旬在该实习点实施,气温往往在 38℃以上(野外工作温度经常超过 40℃），由于该实习点距离公路有 3km 左右，学生在湿热酷暑下行军，并要在酷暑环境中完成 100 组砾石产状的准确测量，对学生身心具有极大考验（对【地学思辨】和【科学精神】形成高支撑）。在野外以小组合作形式展开测量，野外现场考核也以团队整体完成情况评价，在相对恶劣的环境中考验每一位同学在团队中的奉献精神和牺牲意识（对【团队协作】形成高支撑）。同时，在野外实践过程中带教教师坚持在烈日下指导学生工作，与最后一组同学一同收工，对学生形成良好的示范效应，为学生注入认真完成野外测量任务的信念，形成良好的【师德引领】。

【思维养成分析】本实习点实习过程中需要宏观分析区域地质构造对本地河流摆动的影响，促进学生形成宏观格局思考问题的【格局思维】。通过阶地沉积物剖面的宏观观测形成阶地沉积物"二元结构"的形象概念，为今后其他地区开展相关工作提供形象的概念，夯实【形象思维】。以大样本量的量测数据积累、归纳形成对河流古流向的推论，训练学生的【归纳逻辑】。通过对周边环境观测，对不同河流阶地成因进行分析，结合杭州九溪十八涧河流阶地分析的经验，对该实习点阶地的成因与类型进行分析，训练学生的【演绎逻辑】。由此，此处的阶地测量配合后续灵栖洞天多层洞穴测量，训练学生养成从区域不同类型证据论证区域构造活动（阶段性构造隆升）的能力，进一步夯实【格局思维】，并以此支撑学生进行拓展性学习，启发学生深入认识青藏高原阶段性隆升的特殊性，强化【国土认知】（图 4-3）。

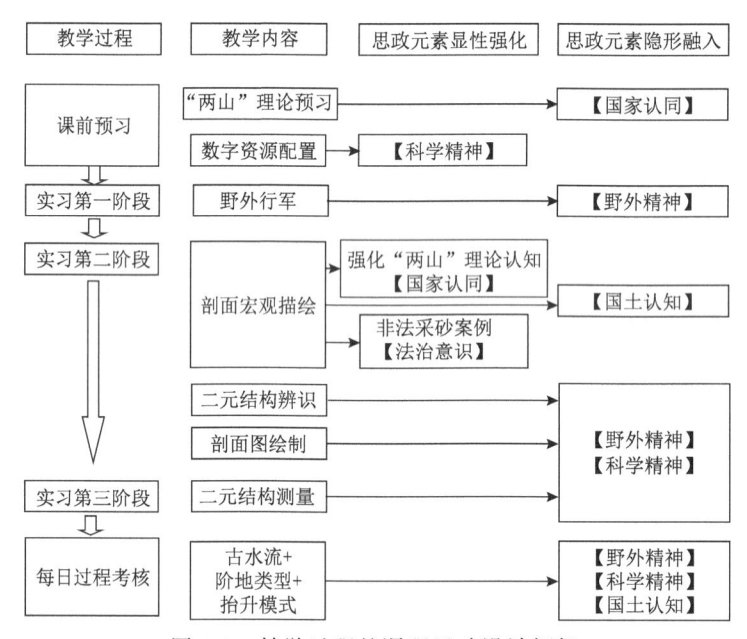

图 4-3 教学过程的课程思政设计框架

四、教学目标

（一）学科素养目标

【基本目标】通过野外辨识河流阶地与阶地要素的测量，掌握野外河流阶地地

层中砾石 A-B 面产状测量与记录方法，熟练绘制信手地质剖面图。

【高阶目标】 辨识河流阶地的类型，在野外测量结果的基础上归纳测量数据绘制古流向玫瑰图，判别河流阶地对应古河道水流流向；对比前期在杭州九溪十八涧河流阶地测量的经验，判别该河流阶地的级数。

【探索性目标】以扎实、系统的野外测量工作为基础，通过区域河流阶地级数测量，配合后续多层洞穴高度的测量，形成区域阶段性构造隆升的认识。促进学生养成串联单点工作，形成区域性整体地貌格局演化的格局思维。

（二）课程思政目标

【国家认同】在分水江河流阶地实习点（被关停的砂石采矿场），通过对该地的砂石采矿场发展与关停的讲解，配合周边植被恢复情况的观察，夯实学生对"绿水青山就是金山银山"的理解。

【地学素养】通过前期准备阶段的训练形成地学理论与野外相结合开展地学认知的学科素养和通过对比反思实现知识迁移的能力。

【科学精神】通过对野外测量结果的现场指导与评判，强化学生对科学数据的严谨认真态度。

【野外精神】通过野外高温酷暑下 100 组砾石产状的测量（约 3~4 小时），夯实学生克服困难的勇气和坚韧不拔的意志品质。

【团队协作】通过分组多目标的实践训练，提升学生的团队协作意识。

五、教学重与难点

【教学重点】
（1）河流阶地砾石层产状的测量方法；
（2）通过大量砾石 A-B 面产状测量的结果辨识古河流流向。

【教学难点】
（1）如何利用野外有限的观察资料判别河流阶地的类型；
（2）在野外艰苦的环境下，高质量完成量测的任务；
（3）单点地貌测量工作与区域构造演化特征的对应。

六、教学环节设计

（一）基本学情

【技术支撑】学生在到本实习点开展实习时已完成了整个实习区域地质图、地貌图与行政图的配准工作，在野外环境中可以使用智能终端（如智能手机）快捷地定位并辨识本地区的各类地质背景信息。

【技能准备】学生此前在杭州九溪十八涧的实习中已接触过基座型河流阶地，并已学会测量阶地拔河高度和绘制阶地剖面的信手地质剖面图，但尚未学习阶地砾石层 A-B 面的测量。学生在地质实习中已掌握了地质罗盘测量岩石产状的方法。

【思政元素】 在开展分水江河流阶地测量前,学生在分水江水文站进行了水文要素测量的实习。在实习过程中聆听水文站站长介绍习近平总书记在浙江工作时视察分水江水文站的情况以及水文站配合开展的"五水共治"情况。

(二)教学过程设计

1. 前期预习——关键问题与引导性预习

开展先导资料学习,熟悉野外实践指导手册中有关分水江河流阶地实习的相关内容;阅读有关河流阶地工作意义的先导文献(如下),了解阶地研究工作的意义。

·李吉均,方小敏,马海洲,等. 1996. 晚新生代黄河上游地貌演化与青藏高原隆起. 中国科学: D辑, 26(4): 316-322.(李吉均院士的经典论文之一)

·张天琪,吕红华,赵俊香,等. 2014. 河流阶地演化与构造抬升速率——以天山北麓晚第四纪河流作用为例. 第四纪研究, 34(2): 281-291.(本教学团队研究论文)

·刘运明,李有利,吕红华,等. 2007. 从阶地砾石的统计特征看保德至克虎段河流演化. 地理科学, 27(4): 567-572.

课前预习1:如何测量砾石的扁平面(A-B面)。引导性预习:学生需要查阅原有的课堂教学笔记和先导文献资料来完成,对于课堂笔记完善的学生较容易完成,而无课堂笔记且遗忘该部分内容的学生则存在一定困难。通过每个小组的抽检考核,督促学生通过小组互助学习,在野外实践前了解通过河流阶地砾石 A-B 面倾向恢复古流向的基本知识。

课前预习2:河流阶地类型的回顾及杭州九溪十八涧河流阶地要素的清绘。引导性预习:学生较容易完成,仅仅通过复习教材即可完成,对于这一部分的考核,重在考查学生对河流阶地二元沉积结构的掌握,主要通过对个人预习成果的口试完成。同时在前一天的每日测试中对学生清绘的九溪十八涧信手地质剖面图进行重点考评。

课前预习3:如何绘制风向频率玫瑰图并以此绘制流向频率玫瑰图。

引导性预习:由于在地貌学课堂教学中并未涉及过相关内容,而在气象与气候学课程中涉及相关的风向玫瑰图,指导学生利用知识迁移的模式,先复习风向玫瑰图的绘制。

---

*思政环节

【地学素养】 在考察清绘九溪十八涧阶地剖面图和通过技能前期绘制流向频率雷达图时,训练学生运用通过反思达成知识迁移的能力。

【国土认知】 通过课前先导文献阅读了解河流阶地在构造演化研究中的意义,特别是在我国区域构造演化研究中取得的成果。

---

2. 野外考察第一阶段——"野外行军"

1)教学内容

鉴于野外教学与实践剖面无法坐车到达,必须经历一段野外徒步跋涉(图4-4),

因此在下车后沿着分水江岸堤进行3km的"野外行军"。

图4-4　学生野外考察徒步跋涉

在"野外行军"过程中要求学生沿途记录现代河流水文特征与边滩沉积物特征。

2）本教学环节野外教学注意事项

教学注意事项1：由于实习往往在8月中下旬进行，实习时往往气温能达到40℃。在教学开展前应仔细摸排学生当天的身体状况，有严重慢性疾病及正在生病的学生不宜参加本实习。

教学注意事项2：教师应做好充分的防暑降温措施和学生中暑处置的预案。

教学注意事项3：主讲教师应该全程与学生在一起参加实习，做好表率作用。

教学注意事项4：对于身体状态良好的学生，尽量减少打伞遮阴等行为。

*思政环节

（1）野外环境中学生需要克服湿热酷暑环境，在日光暴晒下徒步抵达实习点，由于实习期间的气温普遍较高，在这样的环境中磨砺，促进学生地学野外精神的养成。

（2）在实习前教师对学生饮食、睡眠、体能的保障，在实习中细致关注每一位同学的身体状况，以教师的大爱促成学生意志品质的锤炼。

（3）在行军过程中，教师始终与学生同行，起到良好的示范作用，以师风师德促进学生地学精神与科学精神的养成。

3）野外考察第二阶段——分水江河流阶地二元沉积辨识

（1）教学内容：①测量剖面的形成与环境保育；②河流阶地二元结构的辨识；③河流阶地剖面测量与记录。

（2）教学目标：①了解采砂对河流及河岸生态系统的影响；②学会分辨河流阶地沉积的二元结构；③学会用信手地质剖面图法记录阶地沉积剖面。

（3）教学实施。

a. 实习点概况

通过半个多小时的徒步，实习队到达实习点，见图4-5。

图4-5 分水江阶地实习点剖面远眺

引导问题1：该阶地所在区域分水江在这一区域大角度转向，原因是什么？

问题分析：学生在课前均完成了地质图、地貌图和行政区图的配准工作，引导学生运用信息化手段，从区域构造、岩性的宏观角度思考引导问题1，促进学生的【格局思维】的养成。同时在完成了上述的配准图上，学生会比较直观和容易地获得答案，即褶皱地形形成的格子状水系造成的河流的大角度回转，以及此处软硬相间的岩石构成造成软弱岩层一侧形成宽大的谷底。

引导问题2：实习点的大型挖坑是如何形成的？对环境有什么影响？

问题分析：如此大型的挖坑一般由河道采砂类的矿产资源开发造成（学生会比较容易找到这个答案）。

教师应该因势利导继续追问这一地区河道采砂可能造成的环境问题，并予以适当展开，请学生观察矿坑内部、周边植被的特征，以及邻近矿坑的堤坝特征（学生会发现矿坑内部及坑边植被稀疏与远处景观形成鲜明对比，邻近矿坑的河堤有比较明显的修补过的裂隙）。教师以此为基础，通过修补堤坝的现场教学，介绍非常规河道和河堤采砂对环境的破坏，并深入介绍浙江开展"五水共治"，坚决取缔此类严重破坏生态环境的采砂业，目前这一区域的生态环境正在恢复中。

*思政环节

【国家认同】+【国土认知】 通过对实习点剖面的由来的专业分析，学生了解了破坏生态环境的非法采砂的由来及其危害。通过实地的观察也发现了取缔非法采砂后，这一区域的生态有了明显的恢复。对"两山"理论和"五水共治"等政策有了进一步的认识和强化。

b. 阶地二元结构的辨识

引导问题 3：寻找河流典型二元结构。

问题分析：通过预习阶段的考评，多数学生已了解了河流阶地二元沉积结构。在野外通过对各个小组抽检的形式，要求学生寻找并拍摄分水江实习点河流阶地的二元结构特征。

引导问题 4：追问学生实际观测到的河流阶地和教科书中描述的有何差别。

问题分析：多数学生会发现书上说的是下部粗上部细的阶地沉积结构，在实际中看到的却是粗细相间的结构。抓住学生发现的实际河流阶地沉积出现的粗细相间的结构特征，及时向学生提问为什么会有这种差异。

针对少数学生回答的沉积旋回答案，及时给予肯定与表扬。并对沉积旋回进行回顾，并就实习点剖面中出现的河流阶地由于河流摆动造成沉积旋回的现象进行讲解。强调书本描绘的经典场景及其基本过程，在野外工作中依然有效，但有一定的变形，野外工作不能教条地照搬书本，应该以书本基本原理为基础因地制宜地解释。

教师在学生回答的基础上，应予以进一步补充，这一地区的阶地沉积物呈多层砂-砾石旋回的特征。该地区构造与岩性双重作用形成了大型河谷，大型河谷促成河流频繁摆动，造成实习点站位的水流流场频繁变化，形成多层沉积旋回。

*思政环节

【国土认知】 在河流阶地辨识中，出现了现实的阶地与教科书版经典剖面（如杭州九溪十八涧阶地剖面图）不同的特征，在进行分析讲解的过程中，教师应抓住这一特征，深挖背后的区域构造和岩性的控制作用，夯实学生的【格局思维】和以构造与岩性为基础认识区域沉积、景观差异的理念，促进国土认知。

实践工作 1：各个小组绘制河流阶地的信手地质剖面图，每一位学生都必须完成。

工作要求：进入阶地沉积地层描绘阶段，介绍任务后，强调小组配合完成阶地沉积地层的基本几何特征测量与信手地质剖面绘制。强调学生绘制自己观察到的信息，不要遗漏，但也不要无端增加。

备注：

【释疑】有学生问：有了照相机为什么我们还要绘制信手地质剖面图？

【解答】第一个原因，信手地质剖面图是我们地貌学野外工作最为传统的工作之一，通过这样的练习，复刻先辈的学习、探究路径，有助于对地貌学野外工作形成更为深刻的认识。第二个原因，虽然我们现在有了先进、便捷的数码摄影手段（剖面摄影还是需要的），但一张照片的信息量往往非常大，不利于今后的分析；而信手地质剖面图按照地貌学的关键要素进行集中记录，保存了梳理后的要素，便于后期的研究，会成为一个非常好的辅助手段。

这里要求学生对河流阶地面的拔河高度进行测量与记录。这部分上课时曾讲授过，并作为河流阶地重要的性状记录点。在野外教师已掌握具体数据的情况下，将其作为其后分析河流阶地类型的重要依据。

由于前期实习中多次强调野外工作中的三个记录要点,即实习位置、岩性背景、构造特征,同时在前期预习阶段学生都完成了地质图与导航地图的配准,所以多数学生已习惯记录这三个要点。但部分学生依然会遗漏,抽检可能遗漏的学生,对相关学生一定要严厉的批评,勿使再犯。

这部分绘制在前期工作中学生都已学会。由于剖面有一定的高差,测量时极需要小组配合,因此此处强调小组的合作。在现场教师一定要注意所有小组学生的完成情况,对于偷懒的学生应给予及时的提醒,对于被多次提醒的学生,以及表现突出的学生,应记录在案,作为思政环节考评的重要依据。

> *思政环节
>
> 【科学精神】 通过绘制信手剖面的练习,指导学生体会继承传统的重要性和传承基础上创新的关键动力。
>
> 【团队协同】 在野外强调每一位学生均参与团队的分工合作,对于偷懒的同学给予批评,给学生树立正确的价值观,要着重强调这一点。

4)野外实践第三阶段——阶地记录的古河流流向分析

(1)教学内容:河流阶地反映的河流古流向测量。

(2)教学目标:掌握测量阶地砾石 A-B 面产状测量的方法;掌握通过砾石 A-B 面产状恢复古河流流向

(3)教学实施。

实践工作1:河流阶地砾石 A-B 面测量。

在前期实习中学生已熟练掌握了岩层倾向的测量,同时通过预习学生也了解到了砾石 A-B 面倾向与古流向的关系。本单元需要学生在野外测量 A-B 面产状。

教师首先再次讲解阶地砾石 A-B 面倾向与河流古流向间呈180°的关系。同时示范测量砾石 A-B 面倾向(图4-6)。

图4-6 测量砾石 A-B 面倾向

布置要求：①每个小组测量 100 组砾石 A-B 面的产状，并以此恢复古流向（回室内后完成）。②每个小组完成测量后将测量数据提交指导教师审核后方能离开。指导教师需严格审阅数据，对于不合格的数据，坚决要求重测。③向所有学生强调回程后立即进行数据的整理和砾石倾向分布频率玫瑰图绘制。

对教师的要求：①与学生一起开展实习，讲解、指导过程站在一线，以身作则。②各个小组散开测量，教师在各个组间循环指导。

注：该阶段学生最大的困难是无法寻找适合的砾石，教师要指导学生快速找到具有典型扁平面的砾石，向学生强调要在同一层位测量，以保障测量结果反映特定阶段的古流向。

由于测量耗时较长，气温较高，要鼓励学生发挥团队协作精神，坚持高质量完成，杜绝数据造假和敷衍了事。为此指导教师要在各个实习小组间高频度指导（图 4-7）。

图 4-7 教师坚持一线指导

强调团队合作，对于偷懒的学生要及时提示，并将偷懒和积极的学生分别记录在案。

部分小组会漏记阶地面拔河高度，应及时指出小组记录的缺失，并要求进行补充，并要求学生思考其意义。

在测量中部分小组会将砾石 A-B 面走向和倾向混淆，导致测量结果偏差较大。遇到这一情况要给予细致说明，并要求学生重测。

因为每个小组所在的剖面砾石层产状有明显不同，因此能杜绝不同小组间的抄袭。砾石倾向分布频率玫瑰图必须与野外记录对应，强调室内室外工作的一体化。

多数小组对于阶地类型判别会出现偏差。这里要向学生强调，并不是通过一次调查就能唯一确定阶地成因，科学结论要严格围绕证据来判断，结果可以是多解的。

*思政环节

学生在野外暴晒下完成近 3 个小时的连续测量工作，对学生的意志力有很高的挑战，本环节将有效训练学生的【野外精神】；在艰苦环境中依然要高质量完成测量任务，训练学生的【科学精神】；激励小组分工合作，高效完成测量任务，强化【团队协作】。

5）室内每日考核——外业完成情况考核

（1）教学内容：对野外测量结果、数据分析测量结果进行考核。

（2）教学目标：考查学生对外业测量结果的后处理完成度；考查学生对阶地成因的深入分析。

（3）教学实施。

每日过程性考核的模式：测试主要通过小组汇报的形式进行。要求每一位小组成员参与，教师随机抽取学生的数据处理结果进行检查，并考查学生对数据的认识。

考核问题1：根据测试的结果，深入剖析该阶地形成时的古水流方向是怎么样的。

问题分析：各个小组的测量结果已通过第一轮的野外质量检查，因此数据质量不存在问题，最大的问题是根据砾石倾向反演古河流流向时可能将倾向直接指示古流向（两者实际相差180°）。如遇这一情况，说明学生没有彻底了解砾石扁平面沉积过程及其与水流方向间的关系，教师要及时给予引导性的解答。

考核问题2：不同小组由于砾石层测量的高度略有差异，不同组间反映的古流向有很大差异，请问测量时应该采用同一层测量还是尽量用不同层随机测量然后进行测量？

问题分析：在野外测量时，教师曾要求同一小组学生在同一层位进行随机测量，但在野外并没有直接给出解释，就是希望测量结果的差异引发学生的深入思考。很多学生会从教师在野外的要求中了解到，应该在同层测试，部分学生也能从野外教学中砾石沉积过程的分析中得出正确答案，即不同层位砾石倾向的差异是由区域气候、河流摆动造成的实习点水流、水量变化产生沉积旋回变化造成的，因此需要在同层采样。

考核问题3：该河流阶地的类型及其与区域构造活动的联系。

问题分析：由于有了前期九溪十八涧的实习的经验，该问题的第一部分学生基本能顺利完成；对于第二部分，同样也能准确回答出阶地拔河高度能反映出这一地区发生过构造抬升。但多数学生会忽略阶地地貌反映的构造抬升模式，即阶段性快速抬升（在考核过程教师应及时引导性追问，引导学生认识到阶段性抬升的构造活动模式）。

拓展性问题：在后期考察、实习中需要进一步开展关联性思考，根据在实习区域的地貌测量结果，探讨该区域构造抬升的次数。同时，剖析该区域的构造抬升与青藏高原阶段性抬升类型的关联性，探究开展本区域构造隆升研究与西北地区同类型研究工作的差异。

问题分析：后期实习中还将对喀斯特地貌进行考察，一般喀斯特地貌实习主要集中在石灰岩的侵蚀和堆积地貌的辨识，在本课程的实习中加入了多层洞穴高程分析及支撑区域认知的内容。通过多层洞穴、河流阶地等地貌的实习，学生可以利用多种不同类型的地貌堆积的知识，探索构造抬升这一专业问题，以促进学生探究性学习素养的养成。此外，通过课后拓展资料收集与分析，进一步强化对实习区及青藏高原阶段性隆升的模式的认知。基于此，学生可以认识到我国南方地区除了可以考虑使用河流阶地开展构造地貌的研究工作外，还可以采用一些其他地貌体开展工作（如喀斯特溶洞）。

> ***思政环节**
> （1）每日过程性考核，要求学生每日在野外完成测量后及时处理和分析数据，并对相关问题进行思考、解答。往往学生需要每日从早上7点起床，8点开始实习到晚上11点都还在实习工作中，对学生身心具有极大的考验，在这一过程中高效培养学生的【野外精神】和【科学素养】。
> （2）通过第一手的数据，进一步夯实同学对构造地貌的阶段性隆升的认知，同时通过跨区域联系青藏高原的隆升历史，强化学生的【国土认知】。

七、教学反思

（1）在野外教学中所有学生都能克服高温酷暑的困难，完成测量任务，并按照要求绘制信手地质剖面图和砾石倾向分布频率玫瑰图，这是非常值得欣慰的。虽然很多学生被晒黑、晒伤了皮肤，作为老师还是很心疼的，但这是学生成长非常重要的环节。学生虽然很疲累，但短暂休息后，立即投入资料整理工作中，为晚上的考核环节积极准备。由此看出，高强度的实习反而对学生学习有促进作用。

（2）也应该看到，在野外很多学生的主动性还需要进一步激发，老师没有明确要求的参数，很多学生会有所遗漏，没有进行测量。虽然可以通过其他学生的工作进行补缺，但还是需要教师在前期实习中进一步提醒、强化学生主动记录的意识。

八、教学评估

本实习的学习效果评估为野外测量记录（40%）+室内处理结果（20%）+野外思政环节表现（20%）+团队汇报考评表现（20%）。

（1）野外思政环节表现采取团队成员评议打分与教师打分共同评定，评定时每项均采取百分制，评定结束后按照表4-1所示比例调整。

表4-1 评定比例调整示意表

思政指标	家国情怀	国家认同	野外精神	科学精神	团队协作
评定分数	25%	25%	20%	20%	10%

（2）团队汇报考评由实习指导小组教师给予集体打分，采取满分制，后按比例调整。

（3）实习报告定量评价：其他指标按照每一位学生的完成情况给予客观打分。
课程思政指标达成度=平时表现比例×（Ⅰ级指标平时表现得分/Ⅰ级指标表现总分）
　　　　　　　　　+平时测试比例×（Ⅰ级指标平时测试得分/Ⅰ级指标总分）
　　　　　　　　　+实习报告×（Ⅰ级指标相关考核点得分/分目标期末测试总分）

（4）育人效果的长期后评价。关注课程教学对学生成才的支撑作用，在学生毕业后调查学生对课程的感受和体会及课程对学生发展的影响。

九、本环节优秀野外实践作业与点评范例

1）地理信息科学专业 赵蕴宁

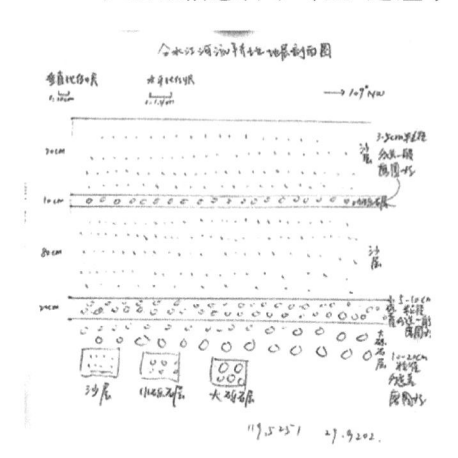

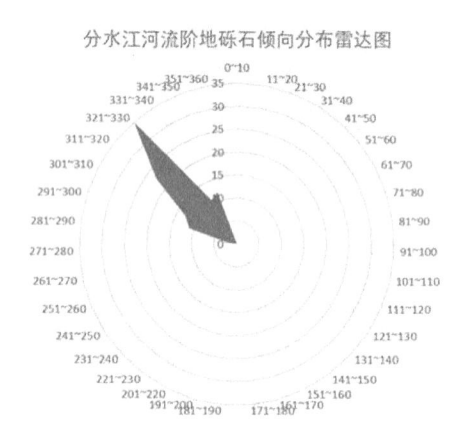

作业点评：赵蕴宁同学的信手地质剖面图绘制认真，各个重要元素齐全，砾石扁平面频率累积图合理完备，是一份较为良好的野外记录与测量结果。问题：信手地质剖面中的砂砾石分层过于明显，与实际情况（有一定混杂）存在一定差异，建议进一步修改提升。

2）地理科学专业 赵丹丹

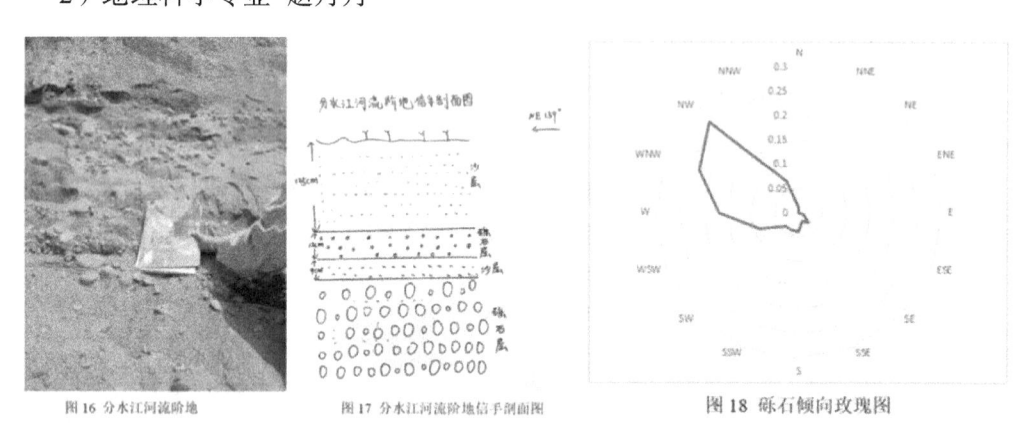

图16 分水江河流阶地　　图17 分水江河流阶地信手剖面图　　图18 砾石倾向玫瑰图

作业点评：赵丹丹同学的信手地质剖面图绘制有特色，将野外照片与信手剖面协同放置，有利于后期的辨读。信手地质剖面图各个重要元素齐全，砾石扁平面频率累积图合理完备，是一份较为良好的野外记录与测量结果。问题：信手剖面中的砂砾石分层依然过于明显，与实际情况（有一定混杂）存在一定差异，建议进一步修改提升。

指导教师一线讲解

野外测量工作　　　　　室内汇报考评

第二节　土壤地理学实践教学课程思政教学案例

一、课程基本概况

"土壤地理学实验"是地理学专业的专业必修课。地理学是一门实践性很强的自然科学。本课程的前身是华东师范大学地理科学学院经典特色课程"土壤地理学"的重要组成部分,已有成熟的课程体系。2019年开始成为一门独立的实验课程,同时也是"土壤地理学"的重要分支课程。本课程以室内和室外实践教学为主,根据"土壤地理学"课程的性质、任务、要求及学习的对象,本实验课程内容分为两部分:土壤物理实验和土壤化学实验。通过本实验课程的学习,学生能够真正认识不同性质和不同类型的土壤地理现象和土壤地理事物,从而加深对土壤地理学基本概念、基本理论和基本思想方法等方面的理解,进一步巩固和加深对土壤基本成分及性质的理解。初步掌握常见土壤测定仪器的实际操作技能,能根据土壤实验结果,通过独立思考,深入钻研有关问题,学会分析土壤性质与环境之间的关系,具有一定的创新能力。

二、课程思政育人目标

(一)本课程对综合育人环节的支撑作用

知识目标:土壤地理学科已从定性走向定量,从宏观走向微观,地理学科的学生不仅需要掌握土壤地理学的基本理论知识,还需要掌握基本的实验技能并具有一定的科学研究能力。通过该课程的学习,学生能巩固和加深土壤地理学的理论知识,通过实践进一步加强学生独立分析问题和解决问题的能力,同时注意培养学生实事求是、严肃认真的科学作风和良好的实验习惯,增强学生对土壤地理学的专业兴趣,激发学生的探究精神、集体精神和家国情怀,为地理学德才兼备的拔尖创新后备人才培养奠定基础。

技能目标:"土壤地理实验"是一门重要的实验技术基础课。本实验课程是理论教学的深化和补充,具有较强的实践性,通过室内和室外动手实验,培养学生土壤地理学野外调查技能,训练学生掌握观察土壤地理事物,认识事物的思维、方法和能力,激发专业兴趣和创新精神。

情感价值目标:本课程在实验实践教学的同时,注重培养学生爱护仪器、珍惜药品、节约水电,养成爱护公物、勤俭节约的品德和良好的实验操作习惯,同时培养学生的集体主义和团结友爱精神。

(二)课程目标与毕业要求Ⅱ级指标中的对应关系

课程目标与毕业要求Ⅱ级指标中的对应关系如表4-2所示。

表4-2 课程目标与毕业要求Ⅱ级指标中的对应关系

对应毕业要求思政Ⅰ级指标	对应毕业要求思政Ⅱ级指标	本课程教学对Ⅱ级指标的展开
1. 家国情怀	1.1 国家认同	土壤类型丰富多彩,使学生深切感受祖国土壤类型的多样化,增强爱国主义理念
	1.2 国土认知	不同土地利用类型的现状考察,有助于学生深切了解我国土地利用的基本国情
	1.3 理想信念	基于不同种类的土壤实验实践,从地学角度思考可持续发展道路,增强学生的社会责任感
2. 学科素养	2.1 地学辩证思维	土壤是反映环境的一个信息系统和信息载体,记录着地理环境变迁的历史,它们能提供历史时期地理环境要素和人类活动的信息。土壤地理实验实践有助于学生树立科学的地球观、人地观和发展观
	2.2 吃苦耐劳的敬业精神	每次课4小时的实验,在规定的时间内,学生分组合作完成,出现问题,积极思考、分析、解决,最后通过测试、分析获取第一手实验原始数据,有助于培养学生吃苦耐劳的敬业精神
	2.3 细致严谨的专业态度	为得到科学精确的实验数据,分析出准确而可靠的结果,室内的仪器测试需要精益求精,记录实验中遇到的问题,实验结束后,每个人需要写出详细的实验报告。培养学生细致严谨的专业态度
	2.4 勇于创新的探索精神	实验教学以学生为主体,充分调动学生的积极性,根据分析结果,能够初步说明在生产实践中的问题,培养学生创新的探索精神
3. 团队协作	3.1 协作学习	实验教学每5人一组,分为若干个小组,以小组为单位进行实验的化学前处理、上机测试、分析数据等,培养了学生的团队协作学习意识
	3.2 团结友爱	实验教学中学生能够团结合作、共同解决问题,培养了学生团结友爱的团队精神

续表

对应毕业要求思政Ⅰ级指标	对应毕业要求思政Ⅱ级指标	本课程教学对Ⅱ级指标的展开
4. 反思能力	4.1 专业技能反思能力	实践教学中,学生巩固和加深了土壤地理学的理论知识,通过实践进一步加强学生独立分析问题和解决问题的能力,既巩固了课堂所学,又提高了实验专业技能
	4.2 服务社会需求反思能力	基于所学理论知识和实验实践经验,学习将专业知识和社会需求联系起来,从土壤地理学角度认识社会发展

(三)教学目标对毕业要求中思政环节的支撑

教学目标1:牢固地掌握土壤地理学实验的基本分析方法及土壤地理学的基本原理和基础知识(支撑毕业要求思政环节:1、2、4)。

教学目标2:熟练地掌握土壤地理学分析的基本操作技术,并能独立进行测试,分析出准确而可靠的结果(支撑毕业要求思政环节:1、2、4)。

教学目标3:根据课堂上测试的数据结果,通过资料查询、文献检索等方法,撰写实验报告,培养实验设计、操作、分析、归纳、整理能力与学术撰写能力(支撑毕业要求思政环节:2、4)。

教学目标4:在实验教学的同时,注重培养学生实事求是、严肃认真的科学作风(支撑毕业要求思政环节:1、2、4)。

教学目标5:实验教学中学生能够团结合作、共同解决问题,培养学生吃苦耐劳的敬业精神、遵纪守法的组织纪律、团结友爱的合作和团队意识(支撑毕业要求思政环节:2、4)。

三、知识单元及课程思政融入情况

(一)教学内容

1. 实验一 土壤剖面观测和土壤样品采集(支撑课程目标1、2、3)

按照不同的土地利用类型,在校园内找五处典型且有代表性的表层土壤(河边土、乔木土、荒地土、灌木土、草地土),同时在校园内找一处典型且有代表性的土壤剖面,指导学生在实地进行土壤剖面的基本形态的观察,以及采集剖面和表层土壤样品标本或分析样品,以便进行后续的各项理化性质的测定。通过本实验,要求掌握正确的土壤剖面形态的观察描述技术和表层土壤样品采集的技术。通过土壤的外部形态来了解土壤的内在性质,初步确定土壤类型,判断土壤肥力高低,为土壤的利用改良提供意见(表4-3)。

表4-3 实验一课程思政融入情况

课程思政教学内容	对思政目标的支撑	专业教学与课程思政的融合	思政融合讲解策略
土壤剖面和表土的采集	支撑1.2、2.2、3.1	土壤样品的采集(国情的认知、吃苦耐劳的敬业精神、团队协作)	教师通过教学讲义资料等介绍采样区域的基本概况,并且讲解采样时需要注意的要点

续表

课程思政教学内容	对思政目标的支撑	专业教学与课程思政的融合	思政融合讲解策略
野外采样仪器操作方法	支撑 2.3	环刀的使用方法（细致严谨的专业态度）	学生手持环刀，跟着教师学习操作方法
学习野外土壤剖面观察点的记录	支撑 2.2、2.3、3.1、3.2、4.1	学习土壤剖面观察点的记录内容、格式	通过教师讲授、师生互动、小组讨论等方式学习野外土壤剖面图的记录方法

2. 实验二 土壤样品的制备与土壤容重、水分和孔隙度测定（支撑课程目标2、3、4）

通过向学生讲解土壤制备的四个目的，以及土壤制备的具体过程，即风干、去杂、磨细、过筛、混匀、装瓶保存和登记等操作，让学生懂得由于分析测定的目的不同，土壤前处理的方法也不同。

采用烘干法指导学生测定土壤中的含水量。

采用环刀法指导学生测定土壤容重。

根据公式，计算出土壤的含水量、土壤容重和土壤总孔隙度。

3. 实验三 土壤质地（机械组成）的测定（支撑课程目标1、2、3、4）

土壤机械组成或称为土壤颗粒组成，通过它的测定可以确定土壤质地的名称，它的命名和分类是根据土壤中各种不同直径的颗粒含量的相对比例而定，土壤中各粒级土粒重量一般以占干土重的百分数来表示。

采用 MS2000 型激光粒度仪测定土壤质地（机械组成）。重点讲解该实验的测试原理、测试步骤、数据处理方法，以及测定时的粒级分级。

4. 实验四 土壤pH测定与土壤碳酸盐含量分析（支撑课程目标1、2、3、4）

1）土壤 pH 测定

pH 的化学定义是溶液中 H^+ 活度的负对数。土壤 pH 是土壤酸碱度的强度指标，是土壤的基本性质和肥力的重要影响因素之一。它直接影响土壤养分的存在状态、转化和有效性，从而影响植物的生长发育。土壤 pH 易于测定，常用作土壤分类、利用、管理和改良的重要参考。同时在土壤理化分析中，土壤 pH 与很多项目的分析方法和分析结果有密切关系，因而是审查其他项目结果的一个依据。

土壤 pH 的测定方法包括比色法和电位法。电位法的精确度较高。pH 误差约为 0.02 单位，现已成为室内测定的常规方法。野外速测常用混合指示剂比色法，其精确度较差，pH 误差在 0.5 左右。

采用电位法指导学生测定土壤悬浊液的 pH。

2）土壤碳酸盐含量分析

土壤中碳酸钙的含量是表明土壤性质的一个重要指标。对石灰性土壤来说，通常以碳酸钙在剖面中的淋溶、淀积和移动的状况，作为判断土壤形成状况和肥力特征的指标之一。这种土壤中的碳酸盐以碳酸钙为主，但也有少量的以碳酸镁和水溶性碳酸盐以及重碳酸盐等形态存在。土壤中碳酸钙的含量与pH有密切关系，pH在6.5以上时，就可能有极少量的游离碳酸钙存在，随着pH增高，碳酸钙也有增多的可能。石灰性土壤溶液的pH常为6.5～8.5。为了鉴定石灰性肥料的品质，应该进行碳酸钙的分析。

土壤中碳酸钙的测定方法一般有气量法和扩散吸收法。

使用GMY-3A型岩石碳酸盐含量自动测定仪指导学生测定土壤中的碳酸盐含量。

5. 实验五 土壤有机质含量测定（支撑课程目标1、2、3、4）

土壤有机质是土壤的重要组成物质之一，它和土壤矿物质一起构成土壤的固体部分。土壤有机质既是植物矿物营养和有机营养的重要来源，特别是氮素和磷素的主要来源，又是土壤中微生物必不可少的碳源和能源。土壤有机质直接影响土壤的温度等。所以有机质是作为衡量土壤肥力高低的一个重要指标。

土壤中有机质的分解和积累，取决于生物、气候、母质、地形等条件，因而土壤有机质含量也反映了一定的成土过程。所以有机质也是区分土壤类型的一个指标。

采用重铬酸钾-硫酸法指导学生测试土壤有机质的含量。

重铬酸钾-硫酸法就是在加热条件下，用一定量的标准重铬酸钾溶液，氧化土壤有机碳，多余的重铬酸钾则用硫酸亚铁溶液滴定，以实际消耗的重铬酸钾量计算出有机碳的含量，再乘以常数1.724，即为土壤有机质含量。

6. 实验六 土壤腐殖质的分离及各组分的性状观察（支撑课程目标2、3、4）

土壤腐殖质是土壤有机质的主要组成部分。它是通过微生物作用，在土壤中合成的一类结构较复杂、性质较稳定的高分子有机化合物。腐殖质不是单一的化合物，其中以富里酸、胡敏酸和胡敏素三个组成部分最重要。在不同土壤中，腐殖质的组成和性状有较明显的差异，对土壤理化性质和肥力特征有很大的影响。

土壤腐殖质与土壤矿物质紧密结合，要了解土壤腐殖质主要成分及其盐类的性状，必须先把它从土壤中分离提取出来。为了寻找理想的提取剂，使得土壤腐殖质和矿物质能彻底分离，又不改变其物理化学性质，学者已做了许多实验研究。目前，稀氢氧化钠溶液是最常用的提取液。土壤腐殖质被提取出来后，经酸化和过滤，进一步把胡敏酸和富里酸分开，然后制成各种腐殖酸的盐，对其颜色、溶解度等性状进行观察比较。

7. 实验七 土壤速效磷含量测定（支撑课程目标1、2、3、4）

土壤中能被植物直接吸收，或在短期内能转化为植物吸收的养分，称为速效养分。养分总量中速效养分虽然只占很少的部分，但它是反映土壤养分供应能力的重要指标。因此土壤中的速效养分，可作为科学种田，经济合理施肥的参考。

了解土壤中速效磷的供应状况，对于施肥有着直接的指导意义。土壤中速效磷的测定方法很多，由于提取剂的不同，所得结果也不一样。一般情况下，石灰性土壤和中性土壤采用碳酸氢钠提取，酸性土壤采用酸性氟化铵提取。

采用碳酸氢钠法测定土壤速效磷含量。重点讲解实验的原理、测试步骤及可见光分光光度计的使用方法。

8. 实验八 土壤色度的测定与磁化率的测定（支撑课程目标 2、3、4）

1）土壤色度的测定

土壤颜色是土壤物质成分和内在性质的外部反映，是土壤发生层次外表形态特征最显著的标志。许多土壤类型都以颜色命名，如黑土、红壤、褐土等。

由于土壤颜色是十分复杂而多样的，绝大多数呈复合色彩，其基本色调是红、黑、白三种，其复合关系可用土壤颜色三角图式来表示。加以每人对颜色的分辨力和理解不同，因而对土壤颜色的描述上存在的分歧也较大。

为了使土壤颜色的描述科学化（避免主观任意性），真正能反映土壤颜色的本质，一般采用以孟塞尔颜色系统为基础的标准色卡比色法和仪器测试。

采用 CR-10 型色差仪指导学生测定土壤的色度参数。

2）土壤磁化率的测定

任何物质都表现出一定的磁性，它源于原子中电子自旋和轨道运动产生的磁矩。土壤磁化率指土壤在弱外加磁场中产生的感应磁化强度与这个对应外加磁场强度之比，是反映土壤磁化难易和磁性强弱的一个指标。

在土壤的形成过程中，经历着物质风化分解和迁移转换，同时也伴随着磁性物质的迁移和转化。通过测定土壤磁化率的大小，可以说明土壤物质磁性的特性，及其土壤形成和环境的特性。

土壤磁化率反映土壤中磁性矿物的数量，频率磁化率则用于区分土壤中存在的超顺磁性颗粒（$d<0.03\mu m$）与单畴颗粒（$0.03\sim 0.10\mu m$），反映磁性矿物颗粒大小分配和超顺磁颗粒的相对含量。土壤磁化率测定具有便宜、简便、快速、对样品无破坏等特点，已广泛应用于土壤发生分类、古气候和环境变化的研究。

磁铁矿、磁赤铁矿、钛磁铁矿、钛磁赤铁矿等铁氧化物是许多土壤、岩石、沉积物和尘埃中的主要亚铁磁性矿物。土壤磁性一般包括四类物质：以磁铁矿、磁黄铁矿和磁赤铁矿为主的亚铁磁性物质；以针铁矿和赤铁矿为主的不完整的反铁磁性物质；以云母和伊利石为主的顺磁性物质；以石英和有机质为主的抗磁性物质。

采用 MS2 磁化率仪测定土壤磁化率的值。重点讲解低频磁化率（χ_{lf}）和高频磁化率（χ_{hf}）的测定条件及测定意义。

9. 实验九 土壤矿物质元素测定分析（支撑课程目标 2、3、4）

矿物质是构成人体组织和维持正常生理活动的重要物质，对人体生长、发育、疾病、衰老等意义重大。无论是人体还是动植物的矿物质元素最终都来源于土壤，分析和了解土壤中的矿物质元素，可为农牧业、环境保护、地方病防治等提供有价值的数据；土壤是作物生长的基础，为作物生长提供必要的水分与矿物质营养，土壤的肥力可直接影响作物的生长发育与理化品质，所以研究土壤中的矿物质元素含量可为提高作物品质及合理施肥提供重要的理论基础。

本实验中采用 X 射线荧光光谱仪测试土壤中的矿物质元素（Fe、Ca、Mg、K、Na 等）含量。给学生详细讲解仪器的测试原理、仪器操作规程、数据分析方法以及注意事项，让学生完成土样分析工作。

四、课程思政的教学策略与方法

(一) 强化实验教学环节

摆脱传统单纯注重理论知识的传授,通过本实验课程的学习,加深学生对土壤地理学基本概念的理解,进一步巩固和加深对土壤组成和性质,土壤形成、演变和分布等基本规律的理解。熟练掌握常见土壤测定仪器的实际操作技能,能根据土壤实验测试结果,通过独立思考,深入钻研有关问题,学会分析土壤与地理环境、人类活动之间的辩证关系,以及合理利用、保护和改造土壤资源,培养一定的创新能力。

(二) 分阶段的实验教学方法促进思政与专业的融合

本课程分为三个阶段:实验前教学阶段、实验中教学阶段、实验后报告编写阶段。

实验前,必须认真预习《土壤地理学实验指导手册》(主讲老师自编教材)及复习有关课堂理论,初步掌握分析方法的原理,常用的仪器、试剂、操作步骤及注意的问题和不清楚的问题,真正做到心中有数。

实验开始前,要检查仪器和试剂是否齐全,有无损坏,如有缺损,要及时报告教师补发,不得乱拿别组的仪器和试剂。共用的仪器药品,用后放回原处。

实验中,①操作要细心准确。要认真按指导手册操作,试剂用量按规定数量取用,力求准确。②合理安排、经济利用时间,特别要注意实验室的整齐清洁。③细心观察一切现象,并从理论上加以解释。

实验后,按照教师的规定及时完成实验实习报告。报告数据要求真实、可靠、文字工整,并运用分析结果来说明该土壤的某些特性,并复习原理、查阅有关文献加以补充,巩固所学知识。

结合课程思政的要求,在实验教学的同时注重培养学生爱护仪器、珍惜药品、节约水电,养成爱护公物、勤俭节约的品德和良好的实验操作习惯。

五、课程思政教学成效

围绕人才培养方案,构建"土壤地理实验"课程的思政体系(包括课程教学内容、教学方法与手段、课程思政教学效果的评价、考核方案等)。坚持知识传授与价值引领相结合,以"立德树人"为根本任务,致力于培养适应我国地理学发展需求,具有良好的职业道德修养、优秀的人文与科学素养、宽厚的自然科学基础、扎实的地理学专业知识与技能、高度的社会责任感、缘事析理、明辨是非的能力,同时德才兼备、全面发展的人才。

六、课程思政教学反思

"土壤地理学实验"课程是华东师范大学地理类学科专业必修课,以实验分析和野外观测与采样为主,重点培养并提高学生实践动手能力。这门课程是自然地理学与土壤科学之间的交叉学科,也是一门综合性和实践性很强的学科。它是以土壤及其与地理环境系统的关系作为研究对象,研究土壤的发生发育、分类及时空分异规律，为调控、改造和利用土壤资源提供科学依据。

　　对于地理学专业的学生而言，只有通过实践才能真正认识不同性质和类型的地理现象和地理事物，从而加深对地理学基本概念、基本理论和基本思想方法等的理解，巩固和拓展地理学知识。因此，实验实践教学对切实掌握地理学知识是十分重要的，对学生综合能力的培养不可或缺。实验实践教学可以增强学生的感性认识，巩固课堂教学成果，完善基础知识结构，增强学生的综合思维能力，激发学生的创新意识，加强学生独立分析问题和解决问题的能力，同时注意培养学生实事求是、严肃认真的科学作风和良好的实验习惯。

　　在注重现代实验技术训练的同时，注重传统实验方法、内容的传承。例如，近年来，建设更新了土壤地理学实验室等传统实验室，购置了土壤碳酸盐分析仪、色差仪、土壤磁化率仪等设备，增加了土壤学实践的互动性，促进了教学效果，使实验教学更加细致、完善，使人才培养更加全面。

第五章 地理科学类专业课程思政教学案例设计

第一节 湿地与全球汞污染课程思政教学案例

一、内容简介

自然地理学野外实践课程是地理科学类专业的基础核心课程，是对书本知识的再认识与提升的教学深加工，在学生专业实践能力训练和综合素质训练方面不可替代，因此选择典型自然综合体与全球性环境问题于一体的实践教学案例，对实践教学十分重要。湿地是陆地和水域的交汇处，集自然地理五大要素地形、气候、水文、土壤、植被于一体，是全球变化的敏感响应区，同时在全球或区域汞循环中扮演着十分重要的角色。因此，本教学案例围绕长江河口湿地特征、功能、汞污染现状及潜在生态与人体健康风险现实问题为导向，引导学生深入认识自然要素之间的相互作用，结合全球汞污染，进一步认识人为活动对湿地汞生物地球化学循环的影响及产生的潜在生态和健康风险，反思履行《关于汞的水俣公约》的中国责任与压力。

二、教学过程中知识单元与课程思政融合

（一）教学内容

选择地表重要自然综合体——河口湿地为实践教学对象，围绕长江河口湿地现状、成因、功能及对人为活动响应开展教学，帮助学生深入认识：①河口三角洲地貌发育规律及影响因素；②河口湿地生态功能；③河口湿地汞污染与《关于汞的水俣公约》。

（二）教学方式

教师讲解、学生动手实践与小组汇报相结合的多手段综合教学形式。

（三）教学目标

1. 识目标

了解湿地定义、类型和生态功能。
学生能够阐述形成河口三角洲的三要素和长江河口三角洲发育过程。
学生能够举例出河口湿地至少三个方面的生态功能。
了解《关于汞的水俣公约》和长江河口湿地汞污染现状。
学生能够简单阐述湿地汞循环主要环境过程。

2. 技能目标

能够协作完成野外采样点选取、采样及记录。

能够协作绘制河口湿地汞循环主要过程示意图。

3. 思政目标

教学过程中着重引导学生的国土认知、地学思辨、探索创新和科学求真的思想情感。分小组强化协作学习。

三、教学安排

（一）长江河口三角洲特征、形成条件及发育过程

（1）在实习地点崇明岛长江口湿地生态系统野外监测研究站，利用百度地图卫星图片，让学生在图片标注长江河口入海通道名称，即北支、南支，为一级分汊；南支再由长兴岛和横沙岛分为南港、北港，为二级分汊；由九段沙又把南港分为南槽、北槽，为三级分汊。由此让学生深刻认识长江口三级分汊四口入海的基本特征。通过文献讲解长江河口两千年来的历史发育过程，了解河口泥沙在潮汐涨落流路分歧下形成缓流区沉积，同时在受科里奥利力影响的潮流和近岸流的共同作用下，形成现在三级分汊四口入海的特征。

（2）形成条件：①丰富的泥沙来源，学生在江边可以直接观察到浑浊的江水；②海洋的侵蚀搬运能力较小，学生定点观测潮位变化，并结合海事服务网——潮汐表数据讲解长江口中等强度的潮汐特征；③口外海滨区地势平坦。东海大陆架坡度平缓，延伸距离可达百余公里。

（3）长江口盐水入侵与淡水利用。让学生在图片上标注青草沙水库的位置。讲解河口湿地的功能：涵养水源。青草沙水源地经过 15 年的科学研究积累及论证，于 2011 年建成供水，承担上海市原水供应总规模的 50% 以上。青草沙水源地综合优势明显，具有淡水资源丰沛、水质优良稳定、可供水量大、水源易保护和抗风险能力强等优势，但也存在一些问题。通过提问，学生思考，详细解答。一方面，结合长江口盐水入侵特征：北支盐水倒灌，南、北槽和北港下段的盐水上溯。分析北支倒灌咸水团入侵（约 60%）和外海咸水入侵（30%）对青草沙水库的影响，北支倒灌主要发生在枯季的大潮期，以咸水团形式随南支落潮流下泄，而随涨潮流上溯甚少。入侵频率：正常水文年连续取水日数不宜超过 15d，1999 年特枯水文年不超过 35d，设计供水可达 950 万 m^3/d，连续不宜取水日数 68d，现在供水 720 万 m^3/d。另一方面，上游淡水中营养盐无机氮和活性磷酸盐含量较高，引水进入水库后可能引发水体富营养化。

*思政环节

【地学思辨】 地貌发育是内、外力耦合作用下生成与发展，辩证认识长江河口地貌形态形成与演化，依据历史演变过程和现代科学观测，认识长江河口地貌发育模式，这对河口的治理和开发利用在理论上和生产实践方面都具有重要的意义。

【科学求真】 依靠长期观测数据及长江河口湿地特点，严格论证，合理开发，建设水源地，并依据科学观测保障水源地水质达标，为国民经济发展需求提供保障。

（二）长江河口湿地特征

在实习地点，让学生在图片上标注长江河口主要湿地——崇明东滩和九段沙湿地位置。让学生观察河口湿地主要植被，并结合文献讲解长江河口湿地特征与生态功能价值。

（1）河口湿地特征：地处亚热带湿润季风气候区，年平均气温 15～18℃，全年无霜期 240～280d，年平均降雨量 1000～1500mm，受中等强度非正规半日浅海潮影响，表层为微咸水（盐度 5‰～18‰）。潮间带优势植物是芦苇和海三棱藨草，但是 20 世纪 90 年代末互花米草引种长江河口以来，互花米草迅速蔓延。例如，截至 2005 年，崇明东滩互花米草覆盖面积已达到总植被覆盖面积的 49.4%。互花米草入侵改变了河口湿地中物质的循环，如促进了细颗粒悬浮沉积物的沉降、沉积物中碳的累积和硫酸盐还原过程等，这可能进一步改变汞等污染物质的循环，引发学生思考与讨论。

（2）生态功能：重要经济鱼类资源的产卵场和索饵场，如日本鳗鲡的幼鱼和中华绒螯蟹蟹苗的生长区域。长江口地处候鸟亚太迁徙路线上，湿地丰富的底栖动物、浮游动物和鱼类为迁徙鸟类提供食物和栖息环境。

---

*思政环节

【科学求真】 从互花米草入侵这一现象，引导学生深入思考，自然地理要素中某一要素（植被）发生变化，其他要素受到怎样的影响？未来的发展怎样？启发学生从地球表层系统耦合反馈的交叉科学认识表层系统中每一个要素的功能与定位，激发学生深入探究地球表层系统的兴趣与科学求真的信念。

（三）《关于汞的水俣公约》与长江河口湿地汞污染

1. 全球汞污染

汞是一种全球性的污染物，由于人为活动的影响，河口或海岸带湿地生态系统中汞的生物地球化学循环发生了明显改变，并对人类健康和生态系统构成了严重威胁。湿地环境中，各种形态的无机汞在微生物作用下转化为具有更高毒性的甲基汞，甲基汞可沿食物链富集放大，可产生更大的潜在危害。因此，湿地生态系统中汞的生物地球化学循环一直是国内学术界关注的重点。

由于人为活动的影响，大气中总汞的含量较工业革命前增加了 4～5 倍，鉴于汞危害，在联合国环境规划署的倡议下，经过五次政府间谈判，各国代表于 2013 年 10 月在日本熊本市签署并通过了《关于汞的水俣公约》（简称《水俣公约》），该国际公约旨在控制和削减全球人为汞排放和使用。

2. 长江河口湿地汞污染

在河口地区，无机汞通过河流输入、大气沉降等途径进入河口湿地，汞的化学特性决定了其在湿地环境介质中的分配，除极少部分汞以溶解态存在外，绝大部分汞与沉积物或悬浮颗粒物结合，如黏土、有机质附着或包裹的细颗粒、有机碎屑、细菌和浮游植物等结合形成颗粒态汞，因此湿地沉积物成为汞汇。同时，在湿地淹水的厌氧条件下，沉积物中的无机汞在汞甲基化细菌，如硫酸盐还原细菌、铁还原细菌和产甲烷菌的作用下可以转化为甲基汞，虽然只有极少部分的无机汞可以转化为甲基汞，但是甲基汞沿食物链富集放大会导致更大的危害。有研究报道，长江口崇明东滩湿地沉积物存在轻度汞污染，如长江河口滨岸湿地表层沉积物汞含量最高达 465.5μg/kg（平均 107.4±90.9μg/kg）；长江河口北支潮滩表层沉积物汞含量（82.8～436.4μg/kg）普遍较南支（44.2～128.2μg/kg）偏高，南通市区附近长江入海水体悬浮颗粒物中汞含量为 141.1～252.7μg/kg。沉积物中甲基汞含量为 0.1～1.3 μg/kg，占总汞的百分比为 0.4%～1.4%。汞污染原因主要是长江径流输入的无机汞和甲基汞，以颗粒态沉积在湿地环境中。人为活动影响下的河口湿地环境中汞的净甲基化及甲基汞生态与人体健康风险值得关注。

3. 全球变化背景下的长江河口湿地汞污染分析与履约反思

1）推理案例 1 互花米草入侵对河口湿地汞污染的影响

以互花米草入侵已有的研究结果和科学证据，推测未来河口湿地环境中汞的循环及污染风险变化。

（1）已有研究表明互花米草能够促进细颗粒物的沉积，而且沉积物中细颗粒体积百分比与汞含量成正比，请推测湿地沉积物中汞含量变化；

（2）已有研究表明互花米草能够促进沉积物中有机碳的增加，而且沉积物中有机质与汞含量成正比，请推测湿地沉积物中汞含量变化；

（3）已有研究表明互花米草能够促进沉积物中硫酸盐还原，而且硫酸盐还原细菌是影响汞甲基化的主要细菌之一，请推测湿地沉积物中甲基汞含量变化；

（4）植物叶片可以吸收大气中气态单质汞，互花米草生物量大，吸收大气单质汞如何？其衰落后地上部分输入沉积物中的汞会增加吗？

2）推理案例 2 风暴潮对河口湿地沉积物中汞循环的影响

河口湿地特征之一是在潮汐和波浪等沿岸水动力的作用下，沉积物在悬浮及沉积过程反复发生。那么悬浮颗粒物中汞的迁移、转化和生物有效性如何变化？例如，在风暴潮的作用下，长江口邻近海域水体总悬浮颗粒物浓度水平急剧升高，可增加一个数量级。在 2006 年，长江口南汇嘴潮滩受"碧利斯"台风引起的风暴潮影响，潮滩滩面短期内出现"大冲大淤"的快速沉积演变过程。在风暴潮的极强烈的扰动作用下，①河口湿地沉积物再悬浮过程异常强烈，悬浮颗粒快速释放进入水体，尤其是细颗粒物，伴随着颗粒物中铁和硫等的氧化，水体中颗粒态汞的分解吸附作用及与有机质的作用可能增强汞的活性及毒性面吗？②伴随着强降雨带来大量陆源有机质输入，悬浮于水体中的颗粒态汞在一定的低氧或厌氧条件下水体中甲基化可能增强吗？③当颗粒态汞再次沉积后，在沉积环境中甲基化可能增强吗？

从以上的分析可知，人为活动排放的汞进入河口湿地生态系统以后，在湿地环境过程中会发生一系列变化，由于汞是一种持久性的污染物，因此汞污染引起的生态与人体健康风险是一个长期的过程。我国是汞生产、使用和排放量最大的国家，污染控制是国家环境保护和履行国际汞公约的重大需求,但是汞污染研究的基础薄弱,控制技术相对落后,面临着比其他国家更严峻的履约压力。汞污染问题和全球变暖的问题类似,需要全球的合作,每个地球人都有责任从我做起,积极参与履行公约。

---

*思政环节

【国土认知】 我国面临着比其他国家更严峻的履约压力,主要是汞使用量和排放量大,汞污染研究的基础薄弱。引导学生认识到通过科学研究和技术研发,满足我国汞污染控制和履行公约的重大科技需求的重要性。

【勇于探索】 根据河口湿地实际的环境问题及河口湿地的特征,引导学生分析长江河口湿地主要人地关系矛盾,以互花米草入侵和风暴潮影响汞循环为例,引导学生深入思考,大胆假设,合理推理,并希望他们能够进一步开展科学求证。

(四)采样点选取及采样训练

1. 悬浮颗粒物及典型不同植物根际表层沉积物采集

颗粒物越细,其比表面积越大,吸附能力越强。长江径流从中下游输送到河口,流经区域内人口密集,人为活动强度高,在长距离的输送过程中,人为活动影响下的各种源,如农业用地的面源输入,城市地表径流、工业废水和生活污水中的汞与颗粒物(尤其是细颗粒)充分混合,因此河口沉积物中细颗粒物组分含量的空间分异可能决定了沉积物中汞含量的空间分异。已有学者用研究结果已经证实了这一规律。本教学案例设计采集悬浮颗粒物、典型植被根际表层(0~2cm)及深部(20cm深)沉积物,并在后续的实验室实验中测试粒度和汞含量,对比分析细颗粒物与总汞含量关系。

采用PP塑料瓶在涨潮时采集1L水样。退潮时,采用柱状土壤采样器采集芦苇和海三棱藨草根际沉积物,分隔表层2cm和20cm样品。其他根际表层样品采用S形路线多点采集,然后混合成一个样品,所有样品装入自封袋中运回实验室。以上采样采取分组形式,每个小组观摩后独立完成采样。

2. 典型不同植物根际沉积剖面观测

在长江河口湿地环境中,不同植物的根际沉积物中元素的生物地球化学过程不同,由于硫的循环过程与汞的循环过程密切相关,尤其是硫酸盐的还原氧化过程,根际沉积物中黑色腐泥可以初步指示硫酸还原的强弱,因此可以采取植物根际剖面,观测根际硫酸还原特征,初步分析对比不同植物根际硫酸还原特征。

采用柱状土壤采样器采集芦苇和海三棱藨草根际沉积物,观测剖面颜色变化,并简单绘制和描述剖面特征,每个小组观摩后独立完成采样。

> ***思政环节**
> 【野外精神】 在野外环境中学生需长时间在泥泞的滨岸盐沼环境中开展采样和现场分析工作,在高强度的野外工作中培育学生的野外精神。
> 【团队协作】 从事地理学的野外工作,协作完成野外调研及采样工作是十分重要的协作学习形式,学生可以相互交流观察到的现象,协作完成采样等工作,并在实验室一起完成实验,这一训练过程十分有益于学生今后学习和工作。

（五）基础知识巩固

1. 湿地定义小组讨论学习

学生熟悉"湿地"这一名词,但是自然地理学并没有专门的知识介绍湿地,因此,分小组讨论学习湿地知识,并做 ppt 汇报。教学安排是:根据四篇文献,并结合白天的实习内容,在晚饭后,进行实习汇报,让学生主动学习,进一步总结和巩固湿地定义、类型和生态功能等。

2. 湿地汞污染与《关于汞的水俣公约》讨论学习

教学安排是:根据三篇文献,并结合白天的实习内容,进行实习汇报,希望进一步加深学生对湿地汞污染研究中的科学问题及我国履约重大需求的理解,同时结合国内外著名的科学研究事迹,让学生感受科学研究在国家发展中的作用。

> ***思政环节**
> 【科学精神】 野外实践是地理学研究和学习中极其重要的组成部分,往往在野外严酷的工作环境中,更需严守科学诚信,踏实、认真开展各项野外材料工作,探究自然,因此湿地野外汞的环境地理学研究能有效培养学生科学精神的养成。
> 【反思素养】 野外研究和学习工作不仅需要前人研究的支持,也需要及时的总结。白天野外工作后,晚上组织小组及个人汇报,这样能促进学生的及时反思、总结,深入思考理论知识与自然现象的关系,夯实专业理论水平与实践技能。

第二节　喀斯特地貌与喀斯特石漠化治理课程思政教学案例

一、室内理论课程部分

（一）教学目标

【学科素养】通过梭筛石漠化发生的机制,认识喀斯特地貌的发育规律,特别是连片喀斯特地区特有的二元水文过程对二元结构地貌塑造的影响;通过对表生环境中物质循环的认识,了解二元结构地貌体系对生态环境关键带的特有核心影响过程和物质重新分配的空间格局。

【家国情怀】通过对我国喀斯特空间分布和喀斯特区域石漠化发生机理的认知,结合我国经济总量分布、人口分布等信息,认识我国石漠化治理的艰巨性和重大意义。

【反思能力】根据梭筛案例，深入分析梭筛生态治理与经济发展间的联系，反思如何通过学科知识的整合服务经济建设。

（二）基本介绍

石漠化是指在喀斯特地貌区域（主要以石灰岩和白云岩为基础）自然与人为活动共同作用下，地表土壤快速流失造成的岩石裸露、不适应耕种的一种严重的生态灾害。我国西南地区（云贵川黔），是全球喀斯特连片分布最广的区域，居住着约2.2亿人口，自历史时期以来人口众多的压力促使了该区域高强度的农用开发活动，导致该区域水土流失严重，形成开发与生态环境间的恶性循环，严重阻碍经济的发展。这一状况长期以来引起了党和国家的高度重视，20世纪90年代以来，党和国家出台了一系列生态环境保护政策和工作，着力支持西南地区的喀斯特石漠化治理与经济发展，特别是在习近平新时代中国特色社会主义思想的指引下，党的十九届四中全会提出"开展大规模国土绿化行动，加快水土流失和荒漠化、石漠化综合治理，保护生物多样性，筑牢生态安全屏障"。石漠化治理被从其他的荒漠化治理中单列出来，这与石漠化发生的机理、过程的特殊性有着紧密的联系；提出综合治理石漠化的理念，石漠化地区与其他荒漠化地区相比，有着人口众多、经济发展压力大的特殊性。因此，在这一地区开展生态保育与扶贫攻坚，必须遵循习近平新时代中国特色社会主义思想，科学认知、精准施策、持续改进。科学认识喀斯特石漠化地区"水-土-气-生-人"系统的特殊性与空间异质性成为精准施策的关键点。因此，认识喀斯特石漠化发生、演化规律也成为认识喀斯特地貌、水文水资源、土壤学、气象气候等部门自然地理科学类专业知识学习、教学的重要案例，同时石漠化区域经济开发也成为经济地理、人文地理等课程的重要样本，在我国西南地区石漠化综合治理的经验也成为课程思政的重要范本，通过该区域案例的学习，既学习了专业基础知识、认识了科学研究的严谨性，又加深了对国情的认知，更形成了应用专业知识应对国家重大需求的理念。

贵州省安顺市普定县陈家寨村梭筛组喀斯特石漠化治理的案例是西南地区科学开展石漠化综合治理，协调区域经济发展的典型案例。在以中国科学院为主的全国地学专家的协同努力下，通过建设长期的观测站点，厘清该区域二元水文结构的特征及其对水土流失的特异性控制过程；以此为基础综合运用土壤学、地理信息等专业知识，形成喀斯特地区生态综合开发空间差异性分布原理，开发高效生态集水工程和高附加值产业开发模式。在国家惠民工程和脱贫攻坚计划的支持下，推动了该村寨快速脱贫致富。梭筛石漠化治理案例也成为实践"科学写在大地上"最为生动的篇章。

（三）案例核心部分

1. 区域基本背景

喀斯特地貌是指水对可溶岩类的溶蚀作用形成的地上和地下特有的侵蚀与堆积地貌。可溶岩包括由碳酸盐岩构成的石灰岩、白云岩、泥灰岩，以及硫酸盐类的石膏、卤岩类等，但最为主要的是由碳酸盐岩构成的面积广大的喀斯特区域。我国喀斯特地貌分布面积广、面积大，由碳酸盐岩构成的西南地区喀斯特地貌区域是全球喀斯特地貌连片分布最广的区域，该区域居住着约 2.2 亿人。喀斯特地貌发育的核心是水对可溶岩的溶蚀作用，水热条件的配置是影响喀斯特地貌发育的核心关键环节，因此喀斯特地貌发育具有明显的地带性。气候，尤其是气温和降水直接或间接影响着喀斯特地区水的径流量和溶解速度，从而使喀斯特地貌具有地带性的特征。

热带亚热带季风型区域：高温多雨是热带亚热带季风气候的典型特征，喀斯特作用强度大，速度快，地貌发育比其他气候好。那里峰林发育得最好；地面露陷地貌、溶蚀洼地及溶蚀谷地等广泛发育。石芽和溶沟也十分显著，石芽高大而呈山脊式和石林式；地下喀斯特地貌发达，形成广大的洞穴系统，"逢山必有洞"。这种类型的喀斯特地貌主要分布在西印度群岛、爪哇、越南、中国广西地区和云贵高原。

地中海型区域：地中海型区域水热条件不如热带亚热带季风型区域，但是地表或地下喀斯特地貌仍相当显著。多见溶斗、落水洞、溶蚀洼地、坡立谷、盲谷及干谷等，还有少数河流切割造成槽形峡谷（地下河崩塌地段峡谷更为明显）。主要分布在地中海沿岸，如巴尔干半岛、爱琴海群岛、克里米亚和南高加索等地。

温带型区域：温带型区域水热条件不如热带亚热带季风型区域和地中海型区域，故喀斯特作用不太强烈，喀斯特地貌不太明显。国内代表是华北和东北地区，国外以法国中央高原为代表，地貌特点是地表上原有的石芽、溶沟和落水洞等已被风化物覆盖，地下喀斯特以溶隙、溶孔及小型溶洞为主，个别地区可能存在较大的溶洞和石芽等，多与古气候有关。主要分布在北美洲密西西比平原，欧洲乌拉尔、捷克、法国，亚洲中国华北、东北等地。

寒带及高山型区域：温度低，喀斯特作用受限，只有少数圆洼地及小型溶斗。高山地区由于冻融风化强烈，崩解作用往往沿断层、节理或层理面进行，形成类似于热带的峰林地貌，但是规模极矮小。

干燥型区域：地表因干旱，无法形成喀斯特地貌，但是在地下仍有溶洞，主要在降雨较多时期形成，如阿富汗西南部沙漠及中国西北干旱区。

贵州普定县处于黔中腹地，喀斯特所占比例高，石漠化面积大，人口密度高、山地多、坝地少。本地区的喀斯特被称为中国南方喀斯特中心、贵州喀斯特中心、高原型喀斯特中心。本地区碳酸盐岩出露面积占区域总面积的 84.27%，主要的地层从古生界寒武系到新生界的第四系（缺失志留系、侏罗系和白垩系），其中三叠系出露面积最大，厚度最大达 3000m，是本地区喀斯特地貌发育的物质基础。该区域内构造活动以中生代燕山期挤压运动为主，叠加新生代喜马拉雅运动的区域抬升，平均海拔达到 1000m 以上，在小区域内主体受到普定复向斜、关定庄背斜控制，发育一系列的次级挤压扭断性断裂和张性断裂构造，以压扭性断裂为主。褶皱和断裂纵横交错，形成区域内地形陡峻而破碎的基本格局，有利于地下水的渗入，促进了本地区二元结构喀斯特地貌的形成。

贵州普定县属于亚热带季风湿润气候，季风交替明显，全年气候温和，冬无严寒，夏无酷暑，春干秋凉，无霜期长，雨量充沛，日照少，辐射能量低。年平均气温 15.1℃，年平均日照时数 1164.9 小时，无霜期 301 天，年平均降水 1378.2mm，属全省三大降雨中心地区之一。农业气候具有春长、夏短、秋早、冬暖的特点。这一典型的亚热带季风气候的背景，配合与侵蚀基准面巨大的落差（1200m）、构造破碎的特征，为典型喀斯特地貌的发育提供了充分的环境背景条件。

此外，喀斯特地貌发育图与我国人口分布图相叠加，可以清楚地看到我国西南地区喀斯特发育健全，同时该地区的人口分布依然较为稠密。形成了突出的人地关系矛盾，这对于认识国情，认识西南地区贫困发生的基础具有重要的支撑作用。

通过上述喀斯特地貌发育的空间差异性和我国喀斯特地貌的空间分布图，可以在教学过程中总结出以下几点思政重点元素。

---

*思政环节

【科学精神】 科学的辩证思维：喀斯特地貌的发育是水和可溶岩（主要是石灰岩、白云岩）的时空耦合结果。并非有可溶岩就会发育完整的喀斯特地貌，还需要适合的温度的配合，在水热条件好的区域，如果没有岩石的构造（如大量的节理）配合，喀斯特地貌的发育也不会完善。

【家国情怀】 我国西南地区的喀斯特地貌归属于热带与亚热带喀斯特地貌区域，又因亚欧板块与印度板块的碰撞，造成西南地区的地表和侵蚀基准面的高差巨大，且构造断裂丰富，导致这里成为全球连片喀斯特地貌发育最为完善的区域，当然也为这一区域成为生态环境极脆弱区域埋下了伏笔。我国其他地区，如华北地区、东北地区，虽然也分布有石灰岩与白云岩，但由于水热条件属于温带气候，喀斯特发育受到很大的限制；华东地区虽然水热条件较好，但碳酸盐岩与火成岩交错分布，地表与侵蚀基准面高差相对较小，地表的构造破碎较西南地区小，造成该地区的喀斯特地貌规模受到一定限制；西北内陆干旱区和青藏高原区域由于水文条件较差，喀斯特地貌发育极弱。这些是我国喀斯特地貌空间格局的基本特征与驱动原因。理解这些对于学生后期加深对祖国不同区域生态环境脆弱性的理解具有极为重要的促进作用。

---

2. 地貌的二元结构

喀斯特地貌区域的水文过程是控制喀斯特地貌发育的关键环节。在喀斯特地貌区域的地下水按照水流特征可以分为以下四个带。

垂直渗透带：在常年潜水面最高水位线以上的区域。在这个带中，地下水主要做垂直向下的渗透运动。

季节变动带：在常年潜水面最高水位线与潜水面最低水位线之间的区域。在这个带中，当水位线下降时地下水做垂直渗透运动，当潜水面水位线上升时该带地下水做水平流动。

水平流动带：在常年最低潜水面以下，第一次承压水层的隔水顶板以上的区域。这一区域内，流水在水压的作用下从高水压位向低水压位移动，并和地下河、地表河流进行水的交换作用。由于水量大，且地下水体的混合频繁，该带内地下水的溶蚀能力强，是喀斯特地貌发育最重要的基础。该带往往发育巨大的地下溶洞，同时也是造成地表塌陷，地表峰林地貌发育的基础。

深部滞留带：潜水层以下的承压水层。在该带内，由于地下水交换混合较弱，溶蚀能力有限，故往往发育蜂窝状洞穴。

虽然典型的喀斯特区域地下水拥有上述四层，但特定的区域由于土壤覆盖、岩性、构造等的制约可能出现不完整的地下水分层组合。在梭筛，由于地表的土壤大量的漏失，潜水层和季节变动层基本缺失，垂直渗透带直接与水平流动带相连，水流下渗能力强，溶蚀力大，地表径流通过岩石的裂隙往往和水平流动带直接相连。这里深部滞留带与水平流动带间的分层明显，物质交换极弱。

这样的水文格局，当地表土壤大量漏失后，使当地地表产生大量的石芽与石芽地，在水平流动带形成巨大的地下暗河，两者之间由于岩石破碎度大，垂直渗透带通过发育大量的落水洞与地下水平流动带相连。水平流动带中发育大量的石笋、石钟乳等地下喀斯特堆积地貌。

*思政环节

【家国情怀】 我国西南喀斯特地区虽然降水丰富，但是由于特殊的地质背景，发育了典型的喀斯特地貌二元结构。这是我国西南喀斯特地貌发育的基本格局，是理解喀斯特生态脆弱性的基础。只有掌握喀斯特地貌的二元结构发育特征，才能在后面的区域开发利用过程中做到因地制宜。

【学科素养】 认识事物的特性要抓住事物的主要方面。对于认识喀斯特地区的生态环境问题与未来学习合理规划开发方案等专业内容，抓住喀斯特地貌的二元结构特征是其中的关键环节，对于后续的知识学习和理解具有至关重要的控制作用。理解这一关键的控制因素，不应该是静止和孤立的，应该结合它的形成和发展过程，这对实现知识迁移和提升学习能力、形成专业核心素养具有重要的作用。

3. 二元结构地貌对水文过程的影响

喀斯特山地由于典型的二元结构地貌分异，山地上部的坡地区域水体主要以垂直渗透为主，山麓带进入水平流动带，在低洼处地下河出露，积水成河、湖，河道纵横。因此典型喀斯特地区的坡地往往显著缺水，虽然西南地区降水充沛，但坡地上依然极为干旱，现代只能生长耐旱的植物。坡地缺水严重阻碍了当地的发展。20世纪 90 年代进行扶贫开发时，围绕坡地缺水问题，相关研究人员没有对喀斯特坡地水文特征进行细致研究，照搬我国西北干旱地区水土保持的经验，根据山地分水岭集水区特征，在山腰部位建设拦水坝与小型山间水库。结果集水效果极差，水库基本无水。为此中国科学院在梭筛所在的陈家寨村建设了定位观测站位，系统观测当地从大气降水到山麓地带地表径流的水循环过程。在监测过程中，除了运用传统的水文观测手段外，还将地球化学同位素示踪的手段运用到水文过程的追踪。通过近 10 年的连续观测，结合普定地区前期 30 多年的水文观测数据，基本确定本地水文循环的特征，喀斯特山地坡地上最显著的水文特征是坡地的产流系数低，梭筛所在山地为典型的喀斯特山地。根据测量，虽然当地的降水量达到了 1300mm，但该地区的坡地产流系数不超过 13%，一般的降水（暴雨以下）无法形成典型的坡面漫流和地表径流，在特大暴雨的情况下会由于超渗作用形成部分坡地径流。正是这一水文特征的确定，打开了认识该区域地表物质循环的过程，也成了破解喀斯特区域生态保育、农业发展的钥匙。

---

*思政环节

【学科素养】 这部分的工作提示同学地理学最核心的专业基础理念——区域性，由于基础地质背景的差异，同样的降水条件下地表水文过程会有显著的差异，这也符合辩证唯物主义的认识观。

【地学精神】 地球科学的研究需要长期坚持的野外工作和实验室工作的结合，仅仅通过短期的观测获得的结果是不够的，地学精神就是要耐得住寂寞，甘愿坐冷板凳，将简单的观测长期坚持，最终获得可靠的认知，更好地为地方发展服务。这也正是习近平总书记对科研工作者的要求，"将科学写在祖国的大地上"。

基于地表水文过程的特征，喀斯特地区的土壤颗粒从地表通过岩石裂隙和落水洞等地貌单元，随着水流的垂直运动向地下河渗漏成为当地水土流失的典型特征。土壤层中团聚体是土壤保水、保肥的关键要素。在陈家寨村的定位观测表明，当地地表植被破坏严重，造成土壤的干湿变化强烈，导致土壤中的水稳性的团聚体的数量大幅度下降，同时由于缺少了植被的保护，降水可直接冲击土壤表面，土壤颗粒在雨滴激溅的作用下大量破碎。在干湿交替和激溅的作用下，当地土壤颗粒的粒径集中在沙粒段，土壤的孔隙度大，导致土壤的持水、保水能力差，而渗透力强。这进一步导致土壤中的细颗粒通过垂直渗透水流由地表向地下漏失，形成一个恶性循环。可以看出，土壤渗漏的地质地貌背景是基础，而开发利用地表植被的缺失成为核心触发因子，并由此形成"植被-垂直渗漏型土壤漏失"的正反馈过程，最终造成生态退化，形成石漠化。

---

*思政环节

【学科素养】 这部分的教学内容与地理学的系统性具有高的支撑作用。地理学研究地球表面系统中的物质循环与能量的传递，系统中的反馈链与反馈网是维持系统稳定性与系统发展的关键，地球表层系统中的反馈网正负反馈链复杂、多元化有利于维持系统的稳定，而反馈网简单，存在少数个别汇聚节点，那么系统抗干扰能力弱，系统稳定性差。喀斯特地区由于系统反馈链简单，同时关键节点单一，因此一旦植被被破坏，即快速进入石漠化。因此，从系统的角度认识区域地理系统成为当前地理学科重要的学科素养。

在陈家寨村长期观测的基础上，如何有效形成坡地径流，将坡地径流有效收集，这成为喀斯特地区石漠化治理的关键。针对坡地垂直渗漏的特征，结合表层系统反

馈链单一的特征,采取人为干预进行地表系统的修复成为石漠化治理的必由之路。由于所在地区属于国家级贫困县,因此如何在生态环境治理的同时兼顾经济发展是治理成效长效化的迫切需求。"堵漏减渗"是核心,梭筛有 8000 亩(1 亩≈666.67m^2)山地,如果全面堵漏目前无法实现,通过 GIS 坡地分析得知,只要将其中 1%的坡面转变为集水面,坡地产流可每年增加 4.9 万 m^3,如果通过集水措施收集其中的部分,即可解决坡地用水问题。

梭筛采用中国科学院地球化学研究所开发的路沟池一体化技术,在坡地修建具有挡水堰的水泥干道和巡山小道,有效增加了坡地的硬质化面积约 35000m^2,促进山地的产流系数的增加,并采用挡水堰使道路集水不侧溢。在主干路两侧每隔 100m 修建蓄水水窖,将道路集水分段收集进入水窖,以供农业用水使用。考虑到节约投资,修建水窖就地取材,使用当地的石灰岩修建,而由于石灰岩易被溶蚀,防止水窖渗漏也至关重要。为此,科研工作者开发了抗风化、抗氧化、高强度复合材料,用于水窖内部铺垫,实现了有效防渗。通过上述措施,彻底解决了梭筛坡地缺水的瓶颈问题。同时"路沟池一体化"改造过程中修建了可通行机动车的交通干道,修建了便于小型机械与农户上山工作的巡山路,为下一步利用山地实施各项开发工程打下了基础。我们常说"要致富,先修路",原本的内涵是提升欠发达地区的交通条件,促进货物的流通;而在喀斯特地区,在科研人员的努力下,这句话又增加了一层含义,那就是通过修路,将渗漏水保存在了地表,为开发致富夯实基础。

*思政环节

【家国情怀】 对于梭筛"路沟池一体化"喀斯特坡地改造模式的开发,向我们展现了家国情怀一个重要的方向,认识国家是要从脚踏实地的工作,从切实为人民福祉的初心出发的。有了这样的初心,才会利用专业知识不断创新,解决服务区域发展中的瓶颈问题,有了这样的初心才会沉下心,深入第一线,以专业的认知认识区域特点。

在"路沟池一体化"集水措施成功建设的基础上,科研人员根据梭筛喀斯特山地水土渗漏严重,仅在喀斯特石沟石缝中残存土壤的特性。对石沟石缝进行加高、拓宽,形成坡地鱼鳞坑,对鱼鳞坑加填土壤,成为坡地种植的基础。有了用水的保障,梭筛村民自发开始寻找高附加值作物。梭筛村民小组长陈登洲,在 1988 年前梭筛因水库建设移民至现有村址前曾在山麓坝子里种植了 1 亩桃树。这种桃味香甜、果实大。后来由于移民,原有的桃园被淹没,无法继续种植。移民后陈登州将该种桃树在移民后村寨房前屋后便于灌溉的石沟里种植,共种植 80 亩桃树。但想要大面积在坡地种植还面临着水资源的困扰。进入 21 世纪,随着中国科学院等单位在陈家寨村开展石漠化综合治理的科研与示范工程建设,特别是在"路沟池一体化"技术获得成功后,2014 年梭筛村民主动联系到在村里开展科研工作的科研人员,请科研人员为梭筛设计高效集水"路沟池一体化"设施。在中国科学院等单位的协助下,加之国家惠民工程贷款的支持,在梭筛 3km^2 的严重石漠化的坡地(石漠化率达 95%）上修建 10km 以 5m 宽主干道为主体，配合 15km 的 1m 宽巡山路为支干的硬质化路网，并形成 65km² 的集水面，同时修建 500 个集水水窖，形成一个水窖灌溉 4 个鱼鳞坑，全面覆盖所有鱼鳞坑的格局。以此为基础，梭筛将原来房前屋后种植的桃树推广在改造后的坡地，同时命名为"梭筛桃"。随着 3000 亩桃树的成熟，梭筛桃上市后得到了市场的好评，当年每亩收益可达 1.5 万～2 万元。2015 年国家质检总局批准对"梭筛桃"实施地理标志产品保护，梭筛桃种植与品种得到了法定的保护。2016 年起，为了落实习近平总书记"坚决打赢脱贫攻坚战"的重要指示，在国家脱贫攻坚计划的支撑下，梭筛带动陈家寨村其他几个村民小组，在科研单位的积极配合下，推广"路沟池一体化"技术配合梭筛桃种植模式，到 2019 年共种植梭筛桃 8000 亩，每亩实现产值 3 万～4 万元，共计 3 亿多元的种植收入。同时，由于梭筛区域多年的生态恢复，桃花盛开时，漫山遍野的桃花与山下的夜郎湖相映，形成极佳的旅游景观。受益于集水干道的修建，梭筛桃花期时陈家寨村又多了一份旅游收入。在梭筛的带领下，陈家寨村人均收入显著提升，从原来受石漠化困扰的极度贫困村，转变为远近驰名的富裕村寨。梭筛人没有停歇，他们以勤奋加科学开发的步伐，在梭筛桃取得成功实现财富积累的基础上，进一步发展梭筛李、梭筛梨，目前已完成配合喀斯特环境的优良品种的育种工作。中国科学院及相关高校在陈家寨示范区取得成功经验的基础上，总结相关的治理技术、综合脱贫方案，并在陈家寨坚持观测，发现了喀斯特区域土壤形成中植物掉落物的重要贡献，进一步研发优化种植方案。依据此，将相关的经验在西南石漠化地区进行推广。

二、野外实践教学讲解说课实录

（一）喀斯特生态系统水循环与温室气体

【主讲教师】王东启　　　　华东师范大学地理科学学院　教授

工业革命以来，全球地表的增温和目前观测到的大气层二氧化碳浓度的上升有着非常密切的关系。在明确二氧化碳的排放源清单以后，人类特别关注地表生态系统对大气中的二氧化碳进行固定和吸收的通量变化及其调控机制。随着我们对地表生态系统二氧化碳的吸收和固定能力的深入研究，科学家迫切地希望厘清地球表面每一个特殊的生态系统的二氧化碳源汇通量问题。我国西南喀斯特地貌区域就是这样一个特殊的岩溶生态系统区域，为此我国科研人员在贵州普定县陈家寨村的后寨河流域的一级支流陈旗小流域设定了二氧化碳浓度通量变化的观测场。二氧化碳通量变化观测需要各类技术综合集成，其中最为广泛使用和典型的技术就是温室气体通量观测塔，老师背后的装置就是陈旗小流域坝区地表生态系统（农业生态系统）大气二氧化碳通量观测塔。

在陈旗小流域除了坝区设立的一个温室气体通量观测塔外，在陈旗小流域的周边集水区山地上，同样也设定了若干个二氧化碳地气交换通量观测塔。这些山地观测塔和坝区的观测塔联动，形成一整套对小流域二氧化碳排放的精准监测网络。

依托这一套二氧化碳的监测网络，结合对植被生长过程中对二氧化碳的吸收速率的监测,就可以计算整个喀斯特小流域中各类人工和天然生态系统对二氧化碳的固定效应,包括坝区的人工农业生态系统,喀斯特山地人工恢复植被生态系统和山地原生植物生态系统的,并准确估算小流域生态系统光合作用的二氧化碳的碳汇效应。在喀斯特地貌区域,由于区域岩性的特殊性,造成该区域的碳循环存在另一个特有的过程,即由基岩中方解石的溶解过程调控的碳汇过程。喀斯特岩溶地区的基岩主要是由方解石(碳酸钙)、白云岩(碳酸镁)所构成的石灰岩或白云岩,碳酸盐矿物在溶解过程中将消耗大气中大量的二氧化碳,并将吸收的二氧化碳转化为碳酸氢根离子保存在喀斯特区域的地下水系统中,形成重要的流动碳库。因此,造成喀斯特区域产生二元碳库系统,即光合植物形成的有机碳库系统和基岩碳酸盐矿物风化形成的无机流动碳库系统。

通过小流域的温室气体观测网的长期连续动态观测,就能够确定喀斯特生态系统二氧化碳固定速率,并以此为基础,可以计算出上一级流域甚至更大流域的二氧化碳源汇通量和二氧化碳固定效率。当然二氧化碳固定的速率,也存在着明显的季节波动特征,地表植被类型的调整、变化就会导致二氧化碳吸收能力的变化。所以在陈旗小流域除了监测二氧化碳的固定量以外,科研人员也对植被生长的变化开展动态监测。在喀斯特石漠化治理区域的恢复区,山地的自然植被存在着持续的变化,农业生产结构的调整使农田生态系统的结构和功能也对应产生变化,这些波动变化导致温室气体通量的持续变化。为此必须依托观测网对这一区域的温室气体排放通量做长期的定位观测,通过长时间序列的监测数据累积,得到该区域多年的地表植被变化过程中对二氧化碳的累积固定量。按照这一原理,对喀斯特地区水土气的长期定位观测,才能获得无机固碳过程的贡献。因此,对于地球科学艰苦枯燥的野外观测是取得重要成果的基础。

除了以上二元固碳效应外,土壤呼吸作用对碳循环的影响也是喀斯特区域的重要关注问题。在非喀斯特地区,掉落后的植物残体腐烂并存储到土壤中,形成土壤有机碳,它被微生物作用降解的过程被称为土壤呼吸,土壤呼吸作用产生二氧化碳排放进入大气。但是在喀斯特地区土壤中呼吸过程产生的二氧化碳,相当一部分随着雨水的垂直渗透进入水岩交界面,与碳酸盐矿物反应,而被吸收,因此碳酸盐矿物的溶解,大大地缓解了土壤呼吸所释放出的二氧化碳的量。综合上述的因素,我国喀斯特岩溶地区可能是大气中二氧化碳的一个特殊重要的碳汇吸收的区域,探明该区域的二氧化碳的源汇通量变化过程和机理,对全球二氧化碳排放和吸收清单的计算有着极其重要的贡献。

(二)喀斯特系统水循环

【主讲教师】王东启　　　　华东师范大学地理科学学院　教授

喀斯特水文循环过程是喀斯特生态系统最为核心的部分。科研人员依托中国科学院普定喀斯特生态监测站建立了若干个地表、地下水观测径流场。在当年建设地表径流的径流场的初期,在中小强度降水后地表径流场里面几乎是干涸的。通过深入分析发现中小强度降水后相当多的降水(超过95%)就会通过岩石和土壤的孔隙垂直下渗进入地下转变成地下径流。同时相对应的地下径流场则是另一番景象，在陈旗小流域科研人员发现了该区域时非常典型的相对封闭的地下径流小盆地，在坝区的出口地下水和地表水汇合处理，为此在这里建立地下径流观测场。

在喀斯特区域大气降水通过岩石的孔隙和土壤的孔隙下渗进入地下河，地下水顺着坡度在排泄区出露地表，可以产生相应的地表流量。在地下河的出口处，通过三角堰监测的形式，可以比较方便和明确的测定出露地表径流的径流量的大小，以此评估地下河流域中径流的流量的大小。

地表水循环涉及四个最主要的环节：第一个环节是水分从海洋里面蒸发到空气中，第二个环节是水分经过大气输送到陆地的上空，第三个环节是水分从陆地的上空下降到了地表，我们称为降水，第四个最重要的环节就是降水在地表形成径流，通过地表径流和地下径流的方式再回到海洋。

在测定大气降水降落到地表或者是渗透进入到地下产生径流时，需要分别测定降水能产生地表径流的量和产生地下径流的量，即两者是如何分配的。当测定大气降水形成地表径流量时，首先要确定计算的范围，称为净产流区域。在净产流的区域里，在已知降水量的情况下，通过测定地表径流量和地下径流量，就可以得出降水在地表径流和地下径流的分配系数。在陆地表面各类不同地貌单元中，喀斯特岩溶地区是一个非常典型的和关键的区域，在贵州普定选择了典型的喀斯特地区的小流域——陈旗小流域。该小流域通过周边分水岭将小流域划分成为一个相对封闭的集水盆地，在这一相对稳定的集水盆地中可以准确定量获取水循环特征。在陈旗小流域内，中国科学院地球化学研究所修建了系列化的水文观测网，定量计算大气降水、地表径流、地下径流、区域蒸发量。对于喀斯特地区来说，测定地表径流的产率具有特别重要的意义。以我们国家的喀斯特岩溶地区的分布为例，我国在广西、贵州、云南、四川、重庆、湖北、湖南等地出现全球最大面积的喀斯特连片分布区域，受到亚洲季风的影响，这一个地区的降雨量充沛，是我国南方雨水非常丰沛的区域之一。然而在这一区域进行自然环境考察的时候，会发现贵州普定区域虽然降水量达到 1000mm 以上，但是多数区域都呈现地表缺水的状态，这也是导致本地区出现石漠化的重要的驱动因子。在陈旗小流域径流场的支持下，系统地追踪了流域循环过程，发现了地表垂直渗漏造成的过低的地表产流系数，导致地表径流过低的重要的原因，同时地表植被被破坏后，过大的垂直渗漏将导致大量的地表土壤的垂直漏失，这也是导致喀斯特石漠化的核心过程。

（三）梭筛组石漠化治理案例

【主讲教师】周立旻　　　华东师范大学地理科学学院　教授

这里将介绍一个重要的生态环境治理实践教学点——陈家寨村梭筛组。梭筛组的石漠化治理与脱贫攻坚，是西南地区喀斯特石漠化治理助力脱贫攻坚非常成功的一个案例。

在理论课程课堂教学中已对喀斯特区域的构造、岩性、生态系统有了比较详细的介绍。喀斯特地区由于岩石可溶性加之构造活动形成的岩壁里有大量的裂隙存在，导致地下水垂直渗漏时对基岩产生强烈的溶蚀作用。特别是当大气降水进入土壤层以后，土壤呼吸作用产生的二氧化碳使水中的二氧化碳的分压增加，导致它的溶蚀能力比地表水高，造成更强的溶蚀作用。因此，在现场观测中可以明显地看到裂隙中存在非常明显的溶蚀痕迹。溶蚀裂隙的不断加宽，也造成地表的土壤通过溶蚀通道向地下河淋失。在没有地表植被保护的情况下，地表土壤经过长期淋失，造成地表只见石头不见植被的景观，被称为石漠化。

围绕降低地表水和土壤的垂直淋失，增加地表的产流系数，科研人员在普定地区开展了长期的定位观测和野外试验模拟，发现采用部分硬质化坡地的方法，能够有效增加整个坡地的产流系数，并提出了"路-沟-池"一体化综合治理措施。梭筛村利用该治理措施将 8000 亩的荒山开垦为梭筛桃种植区，目前每一亩的梭筛桃的产值达到了 2 万～4 万元，使梭筛村的农业农民收入得到了极大的提升。因此，认识喀斯特地貌，结合长期科研探索积累的喀斯特水文的特殊规律就可以有效地应用到石漠化的治理和喀斯特生态系统的保育中，在实践绿水青山的同时，促成农民的增产增收，实现了金山银山的梦想。

第三节 地面沉降课程思政教学案例

本教学案例将讲授地面变形地质灾害中的地面沉降。通过课堂理论教学、典型案例分析和小组讨论帮助学生掌握地面沉降的特征、分布、危害、形成机制和产生条件；引导学生了解如何监测、预测和防治地面沉降。通过原理过程讲授和思政教学案例相结合，培养学生的家国情怀和国际视野，提高学生的学科素养、反思能力和科学研究能力。本教学案例采用以理论讲授、案例教学与课堂讨论相结合的教学方式。

一、教学目标

【家国情怀】通过介绍中国地面沉降的分布规律、形成机制、危害举例、防治措施，以及结合上海地面沉降研究的案例分析，学生可以掌握我国地面沉降地质灾害的发生、发展、减缓和成功得到有效控制的概况，认识到学习科学知识保护家园的重要性，增强学生的民族自豪感和爱国情怀。

【知识整合】掌握什么是地面沉降，地面沉降的特点、形成机理和产生条件；了解地面沉降的危害，如何监测和预测地面沉降，如何防治地面沉降；了解研究地面沉降的方法和如何分析地面沉降的成因。

【学科素养】通过课程教学案例的分析过程，促进学生形成以辩证唯物主义与地学系统思维思考地学现象的能力。

【反思能力】通过上海地面沉降研究案例的学习，引导学生分析人类活动对地球系统的影响，反思如何利用学科知识来更好地解决人地矛盾，实现人地关系和谐发展。通过课堂小组讨论"上海城市化过程中，有哪些因素会导致地面沉降及其作用机理"帮助学生运用所学知识，分析如何防治地面沉降。

【国际化能力】通过全英文教学和讨论,提高学生的专业英语听说读写能力;通过介绍世界地面沉降的分布情况、监测、预测和防治方法,扩展学生的国际视野。

二、理论讲授

地面沉降是指在自然因素和人为因素影响下形成的地表垂直下降现象,又称地面下沉或地陷(潘懋和李铁锋,2012)。地面沉降通常波及范围广,下沉速率慢,主要发生于平原和内陆盆地工业发达的城市和油气田开采区。中国的地面沉降主要是由于过量开采地下水,分布在厚层松散堆积物分布地区。其中天津、上海、苏州、无锡、常州、沧州、西安、阜阳等城市较为严重,最大累积沉降量均在1m以上。地面沉降的危害包括引起或加重洪涝灾害,地面管线和地下管道破裂,危害铁路、地铁等交通线路安全,破坏建筑物,形成地裂缝,影响地下水开采,引起地面标高损失和测绘的准确性,损坏城市供水及排水系统等。地面沉降的形成机制主要包括自然因素和人为因素。自然因素有构造升降运动、地震、火山爆发、溶解、氧化、冻融等自然地质作用。人为因素包括开采地下水或其他地下流体(如石油、天然气、卤水等)引起地表松散沉积物压实或压密、增加建筑物荷载和交通荷载、采矿活动等。研究表明,过量开采地下水是地面沉降的外部原因,而中等、高压缩性黏土层和承压含水层的存在是地面沉降的内因。在孔隙水承压含水层中,抽取地下水引起承压水位降低,会使含水层本身及其上、下相对隔水层中的孔隙水压力随之减小。根据有效应力原理,土中由覆盖层荷载引起的总应力是由孔隙中的水和土颗粒骨架共同承担的。由水承担的部分是孔隙水压力,它不能引起土层的压密,故又称为中性压力;而由土颗粒骨架承担的部分能够直接造成土层的压密,故称为有效应力。孔隙水压力和有效应力之和等于总应力。假定抽水过程中土层内部应力不变,那么孔隙水压力的减小必然导致土中有效应力等量增大,就会引起孔隙体积减小,从而使土层压缩。由于透水性能的显著差异,在砂土层和黏土层中发生的孔隙水压力减小、有效应力增大的过程是截然不同的。在砂土层中,随着承压水头降低和多余水分排出,有效应力迅速增加到与承压水位降低后相平衡的程度,所以砂层压密是"瞬时"完成的。在黏土层中,压密过程进行缓慢,通常需要几个月、几年甚至几十年的时间。因而直到应力转变过程最终完成之前,黏土层中始终存在有超孔隙水压力(或称剩余孔隙水压力)。它是衡量该土层在现存应力条件下最终固结压密程度的重要指标。相对而言,在较低应力下砂层的压缩性小,且主要是弹性的、可逆的,而黏土层的压缩性则大得多,且主要是非弹性的永久变形。因此,在较低的有效应力增长条件下,黏土层的压密在地面沉降中起主要作用,而在水位回升过程中,主要依靠砂土层的膨胀回弹。此外,土层的压缩量还与土层的预固结应力、土层的应力-应变性状有关。地面沉降形成的条件包括厚层松散沉积物层的存在,长期过量开采地下流体,新构造运动引起的区域性下沉,城市建设引起的地面沉降。地面沉降的监测项目主要包括大地水准测量、地下水动态监测、地表及地下建筑设施破坏现象的监测等。地面沉降灾害是一种渐进性的地质灾害,只能预测其发展趋势。目前,地面沉降预测计算模型主要有基于释水压密理论的土水模型和生命旋回模型两种。地面沉降的防治措施主要有建立健全地面沉降监测网络，加强地下水动态和地面沉降监测工作；开辟新的替代水源，推广节水技术，调整地下水开采布局，控制地下水开采量；对地下水开采层位进行人工回灌，实行地下水开采总量控制、计划开采和目标管理。还应查清地下地质构造，对高层建筑物的地基进行防沉降处理；在已发生区域性地面沉降的地区，采取加高加固防洪堤、防潮堤以及疏导河道、兴建排涝工程等措施，减轻海水倒灌和洪涝等灾害损失（潘懋和李铁锋，2012）。接下来以上海城市化引起的地面沉降为例，帮助学生更好地理解地面沉降的成因机制和防治方法，了解我国防治地面沉降所取得的优秀成绩，提高学生科学思考和解决环境问题的能力。

三、教学案例

我们以 Xu 等（2012）的案例，加深学生对地面沉降知识的理解，提高科学分析问题的能力，并进行思政教育。达成【知识整合】的教学目标：通过教师讲解和提问，帮助学生掌握地面沉降的基本概念、成因机理和产生条件；了解地面沉降的危害，如何监测和预测地面沉降，如何防治地面沉降。

思政环节

【国际视野】 通过全英文教学和讨论，提高学生的专业英语听说读写能力；通过介绍世界地面沉降分布情况、研究和防治方法，扩展学生的国际视野。

（一）上海市地面沉降背景介绍

城市化会使城市地质环境恶化，引起地质灾害，如地面沉降。在上海，地下水的开采量和地面沉降自 1921 年以来有官方记载。至 2009 年，城市平均累积沉降量达到 1.97m。开采地下水被认为使上海地面沉降的主要原因。1921~1965 年，地下水开采量每年递增，引起了上海市的地面沉降和地质环境的改变。从 1966 年开始，上海市采取了一系列措施使地面沉降最小化至可允许的量——5mm/a，如减少地下水净开采量，调整含水层中地下水的开采层位，以及地下水的人工回灌。在 20 世纪 90 年代，尽管地下水的净开采量没有增加，地面沉降却加剧了。同时，上海市中心修建了大量的市政设施，如天然气管道、供水系统、污水管道、供电系统、地铁隧道、高层建筑等。一些研究人员认为城市建设是上海地面沉降的主要成因。也有研究报道由城市建设引起的地面沉降占地面沉降总量的比例大约是 30%。然而，城市建设对上海市地面沉降加剧的影响机制还没有得到很好的解释。

所以我们将分析上海城市化过程中影响地面沉降发展的因素。我们将介绍上海市的工程地质条件和水文状况，讨论地质和水文条件与地基建设之间的关系。最终对高层建筑物建筑面积、轨道交通系统里程数和累积地面沉降量进行定量相关性分析。

*思政环节

【学科素养】 对上海市地面沉降历史概况和成因进行总体分析,使学生将所学理论知识与生活实际联系起来,具备辩证唯物主义与历史唯物主义的科学观和人地协调观。

(二)上海市的工程地质条件和水文状况

上海位于长江河口的南岸。上海土地的大部分都是松软的三角洲沉积物,有一些孤立的基岩露头。基岩露头散布在总面积约为 2.5km² 的孤立的土丘中。大多数基岩埋在第四系和古近纪—新近纪沉积物之下,深度超过 300m。上海的第四系冲积层主要组成包括:一个潜水含水层(Aq0)和五个被六个弱透水层(AdⅠ - AdⅥ)分隔的承压含水层(AqⅠ - AqⅤ)。潜水含水层由一个地下水含水层(Aq01)和一个低压承压含水层(Aq02)组成。

与地质工程建设有关的地下土层的埋深可以达到 100m。根据物理性质和形成时代,从上到下,松软的沉积物可分为九种工程地质层,包括表土层、第一砂土层、第一软黏土层、第一硬土层、第二软黏土层、第二硬土层、第二砂土层、第三软黏土层和第三砂土层。许多市政设施直接修建在表土层或经过处理的表土层中。中高层建筑(20~30m)通常采用第二硬土层或第二砂土层作为桩基的承载层,而高层建筑(30m 以上)通常采用第二砂土层作为桩基的承压层。超高层建筑(超过 100m)和极高层建筑(超过 200m)通常选择第三砂土层作为桩基的承载层。其他地下设施(如地铁隧道)通常采用第一软黏土层和第二软黏土层以及 AqⅠ 作为承载层。黄浦江下的隧道埋深为 30~40m,其中包括 AqⅠ。所有这些地下设施将改变上海的水文地质条件。

*思政环节

【思维养成】 通过学习上海市的水文状况和工程地质状况,学生可以理解地面沉降灾害发生背后的地理学原理,从而具备以整体性与差异性认识地理事物时空格局的思维能力,养成地理的思维习惯。

(三)上海市的地面沉降、地下水开采量和城市建设

图 5-1 显示了到 2010 年为止,上海市的累积地面沉降量和地下水净开采量的相关性。在 1980 年之前,地下水净开采量的增加伴随地面沉降的加重。但是,1980 年以后,地面沉降和地下水净开采量之间开始不一致。尽管地下水净开采量减少了,累积地面沉降量仍在加速增加,这表明 1980 年以后地下水净开采量已经不是地面沉降的关键成因了。一旦地下水净开采量超过一个给定值,则限制地下水开采量对市中心的地面沉降就已经没有作用了。为什么地下水净开采量减少了,地面沉降量还在增加呢?

图 5-2 揭示了 1965 年之前,上海市中心的地下水净开采量大于郊区。1965 年后,郊区的地下水净开采量大于市中心。20 世纪 70 年代后期,市中心人工补给了地下水,导致城市中心的地下水净开采量减少。

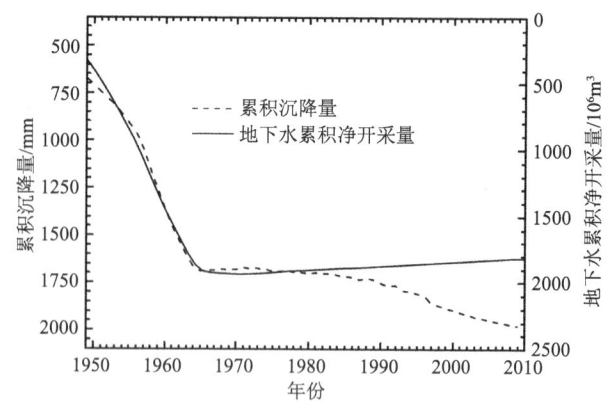

图 5-1 上海累积地面沉降量与地下水累积净开采量之间的关系（Xu et al., 2012）

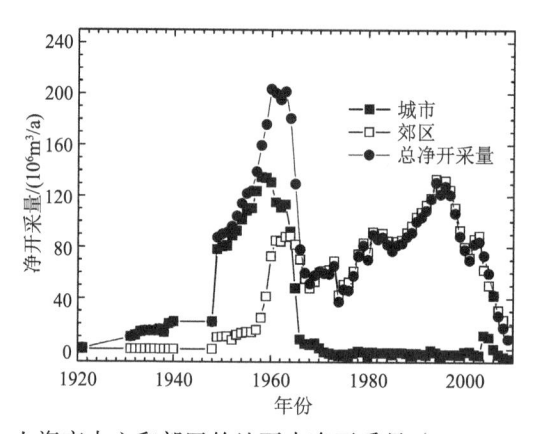

图 5-2 上海市中心和郊区的地下水净开采量（Xu et al., 2012）

图 5-3 显示了 1980 年以来上海每个含水层的地下水位，表明了累积地面沉降与每个含水层中地下水位之间存在很强的相关性。高相关系数（对于 AqⅡ、AqⅢ、AqⅣ，R^2 分别是 0.95、0.95、0.99）表明，地下水位的降低很可能是与地面沉降有关的关键因素。所以有必要揭示市中心地下水位持续下降的机理。其中一个可能的原因是类似于香港发生的含水层中存在地下建筑结构而产生的切断效应。

(a) 上海每个含水层的地下水位
(b) 累积地面沉降量与上海每个含水层的地下水位的相关性

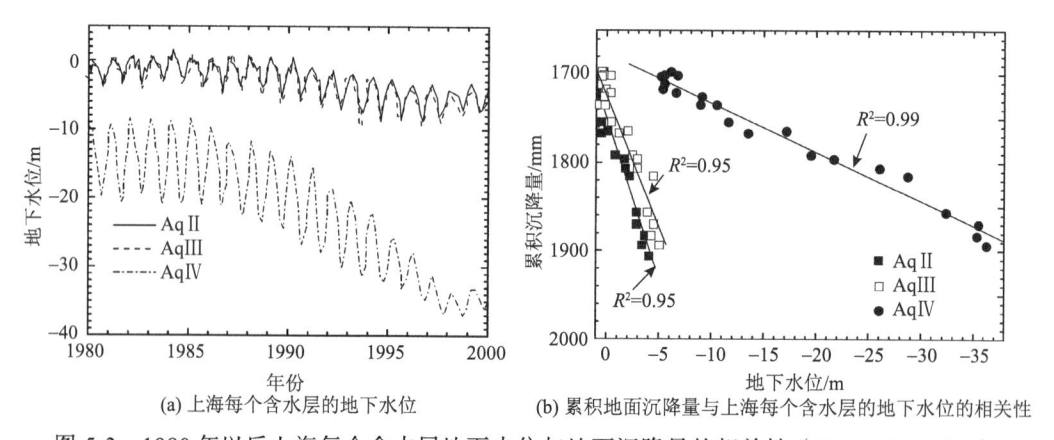

图 5-3 1980 年以后上海每个含水层地下水位与地面沉降量的相关性（Xu et al., 2012）

*思政环节

【家国情怀】 通过学习上海市地下水开采的历史和现状,学生可了解我国对地面沉降灾害的积极预防和科学治理,认同新时代中国特色社会主义的价值观,从地理专业知识的角度学习和拥护"生态文明建设"。

【科学求真】 通过引导学生思考为什么上海1980年以后地下水净开采量减少了,地面沉降量还在增加,培养学生的数据分析能力、深入思考能力和科学严谨的态度。

实际上,自20世纪80年代以来,城市化和许多地下建筑的发展(如地下管道、地铁隧道和建筑地基)就已经在上海的多层含水层-弱透水层系统(multi-aquifer-aquitard system,MAAS)里出现。关于城市化引起的沉降,许多研究人员最初将注意力集中在由于工程建设引起的地面沉降上。上海轨道交通系统里程从1996年的15km,到2009年11月,增加至676km(沈一麒,2020)。大部分地铁穿过地下隧道。自1980年以来,上海的高层建筑的建筑面积也在逐年增加。

图5-4(a)显示了1966年以后,上海每年建筑面积和累积地面沉降的变化。1980年、1989年、1995年地面沉降率分别为3.84mm/a、9.97mm/a和12.09mm/a,对应于8层以上建筑物占地面积的增加,分别为5.8万m^2/a、230万m^2/a和1317万m^2/a。对建筑面积、轨道里程和累积沉降进行回归分析。图5-4(b)显示了建筑面积与累积地面沉降之间有很强的相关性,该相关性可以拟合为相关系数很高的指数函数(R^2=0.993)。

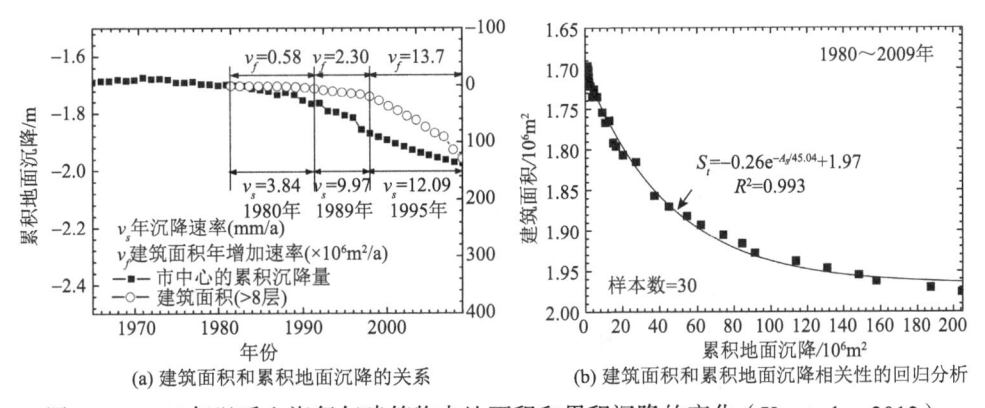

图5-4 1966年以后上海每年建筑物占地面积和累积沉降的变化(Xu et al., 2012)

图5-5揭示了轨道里程数与累积地面沉降之间的关系。该相关性同样可以拟合为指数函数关系,相关系数为0.953,表明自1980年以来地铁系统和建筑面积是加速上海市的地面沉降的重要因子。因为1990年第一条地铁隧道正式修建,所以1980年以前轨道里程与累积沉降之间没有相关性。据统计,在20世纪60年代、70年代和80年代,上海市中心所有建筑物的建筑面积增加率分别为160万m^2/a、182万m^2/a和782万m^2/a。上海高层建筑的建设始于20世纪70年代末,并在20世纪80年代迅速发展。显然,1980年之前的小规模城市建设对地面沉降没有显著的影响,而且1980

年之前没有可用的建筑面积数据,因此我们认为在 1980 年之前建筑面积和累积沉降之间没有相关性。我们得出的结论是,自 1980 年以后,基础设施的建设(例如建筑地基和地铁隧道)加剧了上海市的地面沉降。

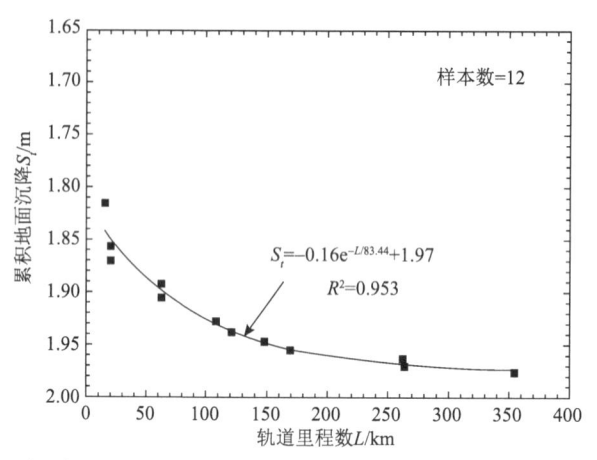

图 5-5 轨道里程数和累积地面沉降的回归分析(Xu et al., 2012)

思政环节

【科学素养】 通过分析上海市建筑面积、轨道里程数和累积地面沉降之间的关系,得出基础设施的建设加剧了地面沉降的结论,使学生掌握如何收集数据和对数据进行基本的科学分析的方法,形成以复杂地球系统理念认识事物的思维。

通过引导学生思考如何分析基础设施建设对地面沉降的影响,培养学生的科学思维能力和人地协调观。

四、案例讨论

1. 小组讨论:通过以上案例分析,我们可以得出在上海城市化过程中,哪些因素会导致地面沉降?

可能会影响自 1980 年以来地面沉降加速增长的因素可以分为以下三类:①地基中的额外荷载,包括建筑荷载和动态荷载;②地下构筑物施工,包括隧道和基坑的建设;③长期地下水位下降,这可能是由于隧道衬砌的渗漏引起的地下水损失,还有由于含水层中地下结构的存在而切断了地下水的流动,减少了来自郊区的地下水补给。

2. 小组讨论:上海地面沉降的机理是怎样的?

1)额外的荷载

大多数研究人员将城市化导致的地面沉降归因于额外的建筑荷载作用在地基上。自 1980 年以来,上海市区已经建造了超过 1000 座高层建筑。这些建筑物使用桩基。对于 AqⅠ层,桩长达到 45m,对于 AqⅡ层,桩长为 60~90m。地面沉降随着施工规模和速度的增加而增加,也随着建筑物密度和体积分数的增加而增加。上海的松软沉积物层通常是具有高可压缩性和流变性能的软土层。因此,初次固结将持续很长时间,并且在额外的压力下,二次固结引起的沉降量将会很大。

由于打桩和交通荷载而产生的动态荷载也会影响地面沉降。打桩引起的地面振动会使土壤变形。打桩的影响半径约为 50m。循环交通荷载将导致周期性的累积土壤变形。估算由于交通荷载,上海外环道路交叉路口的工后沉降为 50mm。

2)地下建筑施工

地下结构(例如隧道和基坑)的建设会干扰地基并导致周围地面变形。地铁隧道也与地面沉降有关。长期地层移动可能会对隧道衬砌性能产生显著影响。隧道开挖引起的地层移动能持续多年。与地铁 1 号线隧道有关的年度沉降差异约 30mm,15 年后最大累积沉降量达到了 300mm。

近年来,已经在上海市中心进行了大量地下工程的建设。最大深度为 40m 基坑的开挖也影响了上海市的地面沉降。随着地下空间的发展,挖掘工作的深度和大小都有所增加。深基坑开挖对地面沉降的影响范围是开挖深度的 15 倍。上海的大部分发掘都是干法发掘,也就是说,随着开挖面遇到井点或深井,地下水位降低。随着地下水的开采,地下水水头下降,漏斗会在坑周围形成。根据工程实践,基坑脱水的影响范围为 300～800m。当地下水位下降约 3.5m 时,地面沉降量为 5～15mm。

3)长期的地下水位降低

地下水净开采量不再是地下水位降低的最显著因素。与城市化过程相关的下列因素,也许可以解释这一现象:①郊区地下水开采量的增加;②由于含水层中地下建筑物的存在,切断了周边地区对市中心地下水的补给;③地下水渗漏进入地铁隧道和进入建筑物的地下室。

一般来说,地下水从高水势位置流向低水势位置。当抽出含水层中的地下水时,抽水井周围的地下水位降低。当地下水被抽向市中心时,它会从郊区得到补充。1949 年,市区与郊区的地下水净开采量之比为 8∶1,1964 年为 1∶0.98,1970 年为 1∶70.7。自 20 世纪 70 年代起,郊区已成为地下水开采的主要地区。所以,市中心的地下水因为郊区地下水开采量的增加而无法得到充分的补给。

补给的地下水量减少的另一个原因是含水层中存在的地下构筑物对地下水渗流的切断效应。含水层中的基础设施可视为挡土墙,可切断地下水的流动。由于地下结构的存在,含水层的地下水头从静水压力状态变为瞬时向下流动状态。当地下水稳定的流动条件因建造的地下结构而改变时,地下水头在地下结构有更高水势的一侧上升,而在水势低的一侧下降。所以地下水流动路径会发生变化。因此,地下结构会切断地下水的流动,并改变其流速和流向,从而导致上海城市中心的 AqⅠ层和 AqⅡ层的地下水位持续下降。

大量存在于 AqⅠ层和 AqⅡ层的高层建筑和隧道桩基减少了地下水从周围地区到市区的补给面积。这一改变可能减少了周围环境的补给地下水量,因此可能导致市中心地下水位的减少。

许烨霜(2010)进行了一系列数值分析并得出结论:防渗墙对地下水流量的作用取决于在承压含水层之下防渗墙的深度、防渗墙的宽度和防渗墙到水位降低边界的距离。基于许烨霜(2010)的报道,在分析中考虑地下结构的存在,市区的沉降速率是增加的。当 AqⅡ层中地下结构的体积比增加 10%时,地面沉降增加约 32%。但是,当 AqⅠ层和低压含水层中的地下结构的体积比增加了 10%,地面沉降仅增加约 3%。

上海地铁系统是采用盾构法建造的,它们的衬砌由六个部分组成。实地调查表明,土壤和地下水通过衬砌管片中的接缝、裂缝和注浆孔渗漏。最初的渗漏量很小,并且隧道变形通常被忽略。随着渗漏量的增加,初始的不均匀沉降可能会加重并导致水(和/或)土壤进一步渗漏。土壤(和/或)地下水的渗漏会在隧道周围造成长期的地面损失。这导致地下水位的降低和隧道周围的地层移动。Wu 等(2011)得出的结论是,如果上海隧道的渗漏速度为 $0.1L/(m^2 \cdot d^{-1})$ 且均匀分布,那么 10 年以后,地面沉降量将会达到 90mm。

> *思政环节
>
> 【反思能力】 通过小组分析讨论上海地面沉降的主要成因和机理,学生可以学会运用所学地理学知识,去分析和解决实际生活中遇到的地理学问题,养成在专业理论学习中对全流程持续反思的习惯。
>
> 【团队协作】 通过安排学生做分组讨论,培养学生积极主动参与组织团队协同攻关的能力。

五、总结

基于本教学案例对上海城市化进程中影响地面沉降的因素的分析,我们可以得出以下结论:

(1)1980 年以后地面沉降与地下水开采量无关,但地面沉降仍与地下水位降低相关。

(2)上海的地面沉降也与城市建设有关。对建筑面积、轨道里程和累积地面沉降之间的关系进行回归分析后发现,累积地面沉降和建筑面积(或轨道里程)之间存在很强的相关性。

(3)城市化过程中导致地面沉降的因素包括施工期间和之后额外的荷载,地下结构的施工,包括地基工程、隧道建设和由于隧道漏水和周围环境地下水补给减少(如郊区的地下水开采和地下结构的切断效应)引起的地下水位降低。

(4)需要进一步地研究调查这些因素如何导致上海的地面沉降。

充分认识了上海地面沉降主要影响因素,我们才能有的放矢地控制上海市的地面沉降。

> *思政环节
>
> 【家国情怀】 通过学习上海地面沉降的主要成因和机理,我们可以有针对性地解决不利因素,从而更加有效地预防和控制地面沉降;使学生意识到学习地理学专业知识的重要性,增强学生的民族自豪感和爱国情怀。
>
> 【反思能力】 通过对案例进行总结回顾,培养学生在专业理论学习过程中,对所学知识持续反思总结的习惯。

第四节　尼加拉瓜湖水质监测系统课程思政教学设计

本教学案例将利用尼加拉瓜湖水质监测系统设计这一具体案例，引导学生掌握遥感图像预处理、水质参数反演以及专题制图等具体功能，尤其是利用 Matlab 编写相关算法，实现各主要功能。通过本案例，学生能够观察到遥感软件二次开发的现实意义以及如何运用编程语言，将遥感以及图像处理方面的理论知识转化为具体软件功能的过程。通过编程实践，帮助学生夯实基础知识并提升专业操作技能。同时，让学生认识到学以致用的深刻内涵以及将论文写在祖国大地上的客观需求。本教学案例采用以理论讲授与上机实践相结合的教学方式。

一、教学目标

【学科素养】理解遥感数字图像的本质，掌握遥感地物特征与遥感数字图像的对应关系及数字图像的表示方式；掌握地理坐标与图像坐标的对应关系与转换过程；了解水体叶绿素浓度遥感监测的基本原理；了解影响光学遥感图像质量的因素。

【家国情怀】通过反演尼加拉瓜湖水质监测参数，让学生认识到该湖水体的富营养化程度，明确对应的水质等级以及是否满足饮用水标准，借此让学生直观地认识到尼加拉瓜地区饮用水质量较差的现实；同时，将尼加拉瓜湖反演的水质参数与我国太湖、上海青草沙水库等的水质参数进行对比，让学生认识到我国对保障居民饮用水水质安全的强有力措施，提升学生对国家的认同感和民族自豪感。

【反思能力】利用遥感影像数据产品自带的质量控制文件，将数据质量不高的像元进行掩膜去除，仅保留具有较好质量的像元进行遥感反演。在学生正向实现质量控制的同时，引导学生思考如何解决云等因素造成的数据缺失，实现缺失数据重建。

【沟通合作】鉴于整个水质监测系统流程涉及科学数据读取、辐射定标、质量控制、格网化、空间裁剪、水质参数反演以及专题制图等众多环节，各小组同学在开展算法设计时必须兼顾参数传递以及算法效率，故需要密切沟通合作，以保证整个软件模块的功能实现。

二、基本介绍

随着经济的快速发展和人类活动的加剧，环境问题往往不可避免。水环境是十分脆弱的生态系统之一，农业、工业、生活用水等产生的水体污染物，尤其是化肥和洗涤用品的大规模使用，造成氮磷等营养元素流失并进入水体，导致内陆湖泊面临严重的富营养化问题。富营养化水体的一个重要特征就是藻类物质的大量繁殖。叶绿素 a 是浮游生物的重要组成成分之一，若浮游生物的数量变多，湖泊的叶绿素含量也会相应增高，因此叶绿素 a 常常用于估算湖泊等水体的浮游植物的生物量，也是反映水体营养化程度的一个重要参数。因此，定量监测水体叶绿素含量是开展内陆水体水质监测的重要手段。

常规的水质监测往往通过采集水样带回实验室进行化学分析，该过程需耗费大量的人力、物力和时间，也难以对大型湖泊做全覆盖调查。卫星遥感监测以其空间覆盖范围大，时间周期观测能力强和观测范围空间连续等优势被广泛应用于大空间尺度上对地观测，能够有效弥补传统地面站点监测在空间覆盖小和数据获取时间长等方面的不足。截至目前，全球不同机构已先后发射了大量光学遥感卫星，尤以 EOS 系列 Terra 卫星和 Aqua 卫星上搭载的 MODIS 传感器为代表。该传感器具有 36 个光谱通道，光谱分辨率相对较高。同时，其扫描范围广，能迅速获取全球大范围的地表参数资料，可有效应用于水体叶绿素浓度的反演。

为有效利用 MODIS 遥感影像开展内陆水体水质常态化监测，以叶绿素 a 浓度为例，我们需要定时获取 MODIS 提供的海洋水色反射率影像，并及时开展数据读取、质量控制、投影转换、空间裁剪以及反演计算等一系列流程化操作。现有遥感图像处理软件，如 ENVI 等，因功能不足，无法实现上述所有操作。同时，大量重复流程化的操作往往需要开展批处理。因此，围绕上述功能，利用编程语言开发各功能模块，形成能够直接用于内陆水体水质监测的遥感系统，将具有更高的应用价值和现实意义。

通过提供具体现实的案例，让学生围绕各基本遥感图像处理功能进行算法编写，将能有效地帮助学生从宏观层面掌握遥感反演的基本流程和操作步骤，并借此让学生深刻认识到遥感技术服务具体行业应用的应用价值。该案例在锤炼了学生动手能力的同时，使其认识到科学研究的逻辑性与严谨性。同时，有效地帮助学生将通过书本学习的专业理论知识转换为具体应用实践，强化学生对"学以致用"的认识，帮助学生树立积极应用学科专业知识服务国家和地方重大需求的理念。因此，该案列可作为遥感类课程思政教学与专业实践结合的良好范例。

三、案例核心部分

（一）研究背景

近年来，人类大量使用化肥及洗涤用品，导致大量的氮、磷等营养元素随着降水和径流进入河道、湖泊等水体中，造成水体严重富营养化，进而形成大面积的蓝藻和水华现象（图 5-6），严重影响水体的水质，威胁居民用水安全。因此，定量监测水体中的水质参数，如能够有效表征水体富营养化程度的叶绿素 a 浓度，将对水质安全保障具有重要的现实意义。

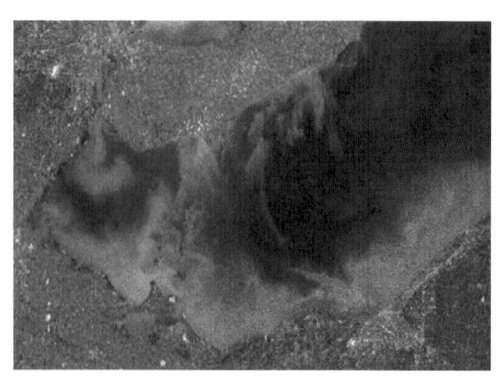

图 5-6　不同视角下的富营养化水体

传统的人工采样方法由于耗时耗力，难以实现对大面积内陆水体水质参数的大规模同步采样。本教学案例以中美洲最大的内陆湖泊尼加拉瓜湖为例[图 5-7（a）]，因其水域面积高达 8264km^2，故常规人工定点采样[图 5-7（b）]的方式难以满足快速大面积水质参数监测的需求。同时，该湖的周边分布了大面积的玉米种植地，且湖中仍存在水产养殖，故该湖的水体富营养化程度十分严重。然而，作为中美洲最大的淡水湖泊，尼加拉瓜湖也是周边国家的主要饮用水源地，在湖的不同区域布设了大量的取水口。由于恶劣的水质严重威胁人体健康，因此，建立一套能够实时提供该湖水质参数的遥感监测系统，将对保障该地区人民饮用水安全具有重要的意义和应用价值。因此，利用所学地学和遥感专业知识，开发一套尼加拉瓜湖水质监测系统，是本教学案例的主题。

（a）遥感影像　　　　　　　（b）常规人工采样点

图 5-7　尼加拉瓜湖

*思政环节

【家国情怀】　通过讲述尼加拉瓜湖水质监测需求案例，引导学生认识到积极利用所学专业理论知识服务社会现实需求的必要性，进一步升华到"把论文写在祖国大地上"的核心内涵。同时，通过介绍尼加拉瓜湖水质状况，并将其与我国太湖、上海青草沙水库水质指标进行对比，让学生们认识到我国在保障居民饮用水水质安全方面的努力，提升学生的民族自豪感和国家认同感。

（二）遥感图像预处理

1. 确定总体工作流程

利用卫星遥感影像数据开展水体叶绿素浓度参数反演的具体工作流程见图 5-8。针对该项研究工作，大多数学生通常的惯性思维是直接去下载卫星遥感影像。但事实上，本教学案例开展的第一步应是首先确定拟使用的叶绿素浓度的反演算法，因为反演算法才是决定后续拟使用的数据资料的关键（图 5-9），即具体使用什么卫星平台和传感器（空间分辨率）。该部分的讲解将有效帮助学生建立起面对新的研究工作时应该首先理清逻辑思维过程，而不是盲目地开展研究。

→ 确定反演算法 → 数据获取 → 数据预处理 → 反演算法模块 → 反演结果 → 专题制图 →

图 5-8 利用卫星遥感影像数据开展水体叶绿素浓度参数反演的具体工作流程

为方便数据获取，本教学案例选取了美国国家航空航天局（National Aeronautics and Space Administration，NASA）根据实测数据以及光谱响应等物理机理，提出的一种水体叶绿素浓度经验模型反演算法 OC3M。该算法主要利用遥感影像蓝波段-绿波段的反射率与叶绿素浓度之间的定量关系来实现水体叶绿素浓度反演。具体反演算法为

$$\lg(\text{chlor\_a}) = a_0 + \sum_{i=1}^{4} a_i \left(\lg \left(\frac{R_{rs}(\lambda_{blue})}{R_{rs}(\lambda_{green})} \right) \right)$$

其中，$R_{rs}(\lambda_{blue})$ 和 $R_{rs}(\lambda_{green})$ 分别表示蓝波段和绿波段的遥感反射率；chlor_a 表示反演的叶绿素 a 浓度产品；$a_0 \sim a_4$ 表示回归系数。根据表 5-1 可知，本教学案例需要使用 443nm、488nm 和 547nm 波段的反射率产品。因此，在数据获取时，只需下载遥感反射率产品和地理经纬度数据即可，无须下载其他产品进而降低数据量。

表 5-1 目前常用的水体叶绿素浓度反演算法及其参数

算法	传感器	官方算法	蓝波段	绿波段	a_0	a_1	a_2	a_3	a_4
OC4	SeaWiFS	Y	443>490>510	555	0.3272	−2.9940	2.7218	−1.2259	−0.5683
OC4E	MERIS	Y	443>490>510	560	0.3255	−2.7677	2.4409	−1.1288	−0.4990
OC4O	OCTS	U	443>490>516	565	0.3325	−2.8278	3.0939	−2.0917	−0.0257
OC3S	SeaWiFS	N	443>490	555	0.2515	−2.3798	1.5823	−0.6372	−0.5692
OC3M	MODIS	Y	443>488	547	0.2424	−2.7423	1.8017	0.0015	−1.2280
OC3V	VIIRS	Y	443>486	550	0.2228	−2.4683	1.5867	−0.4275	−0.7768
OC3E	MERIS	N	443>490	560	0.2521	−2.2146	1.5193	−0.7702	−0.4291
OC3O	OCTS	N	443>490	565	0.2399	−2.0825	1.6126	−1.0848	−0.2083
OC3C	CZCS	Y	443>520	550	0.3330	−4.3770	7.6267	-7.1457	1.6673
OC2S	SeaWiFS	N	490	555	0.2511	−2.0853	1.5035	−3.1747	0.3383
OC2E	MERIS	N	490	560	0.2389	−1.9369	1.7627	−3.0777	−0.1054
OC2O	OCTS	N	490	565	0.2236	−1.8296	1.9094	−2.9481	−0.1718
OC2M	MODIS	N	488	547	0.2500	−2.4752	1.4061	−2.8233	0.5405
OC2M-HI	MODIS (500-m)	Y	469	555	0.1464	−1.7953	0.9718	−0.8319	−0.8073
OC2	OLI/Landsat8		482	561	0.1977	−1.8117	1.9743	−2.5635	−0.7218
OC3	OLI/Landsat8		443>482	561	0.2412	−2.0546	1.1776	−0.5538	−0.4570

*思政环节

【科学精神】 通过该部分内容的讲述，尤其是数据产品的选择，帮助学生认识到科学研究过程必定是有理有据和严谨扎实的推理过程，绝非想当然和拍脑袋决定的。

【反思能力】 通过让学生思考确定反演算法先于数据处理，让学生认识到今后在开展其他研究时，也应首先建立宏观整理框架，理顺逻辑过程，再开始具体研究工作，避免事倍功半和做无用功，尤其是传感器的选择。

2. 数据获取和质量控制

卫星遥感对地观测的数据资料往往都以数字图像形式进行科学存储，在具体使用过程中，需涉及数据获取和读取、质量控制、格网化和空间裁剪等一系列预处理操作。各具体操作的步骤和意义如下。

1）数据获取

根据选定的数据源，指导学生前往海洋水色网站订购相应的卫星遥感数据产品。在此过程中，教授学生通过设定合理的边界范围来事先限定研究区，进而避免下载非研究区数据，导致无谓的工作量和无效劳动。

2）数据读取

由于下载的卫星遥感数据产品是以 nc 文件格式存储的科学数据产品，首先必须为学生讲解如何利用 Matlab 语言读取对应的数据产品和地理定位文件。针对 nc 文件内部数据产品名称未知，故首先使用 ncdisp 函数查看 nc 文件的变量结构，再使用 ncread 函数来读取文件中指定变量名波段的数据。根据需求，需读取443nm、488nm、547nm 波段的反射率以及对应的经纬度文件和质量控制数据，见图 5-9。在此过程中，教师将结合个人实践经历，为学生讲述自己在研究生阶段开展类似数据读取工作时因对数据产品时间提取错误，导致所有数据产品时间匹配错误，造成整项研究工作全部无效的案例，提醒学生在编程开发过程中务必严谨细致。

```
%% 读取文件数据
QA_flags=ncread('A2017050191000.L2_LAC_OC.nc','/geophysical_data/l2_flags');%读取质量控制文件
lon=ncread('A2017050191000.L2_LAC_OC.nc','/navigation_data/longitude');%读取经度数据
lat=ncread('A2017050191000.L2_LAC_OC.nc','/navigation_data/latitude');%读取纬度数据
blue1=ncread('A2017050191000.L2_LAC_OC.nc','/geophysical_data/Rrs_443');%读取443波段
blue2=ncread('A2017050191000.L2_LAC_OC.nc','/geophysical_data/Rrs_488');%读取488波段
green=ncread('A2017050191000.L2_LAC_OC.nc','/geophysical_data/Rrs_547');%读取547波段
shp=shaperead('vector file\lake nicaragua2.shp');%读取矢量数据
```

图 5-9 各数据产品读取的代码实现

*思政环节

【科学精神】 科学的严谨性：在数据读取过程中，教师可以适当设计一定的纠错教学环节如设计输错变量名称或路径，造成代码运行失败来引导学生认识到科学研究工作中的严谨性。同时，结合自己实践经历，警示学生在科学研究工作中树立良好的科学素养的重要性。

3) 质量控制

对于可见光波段观测到的水体反射率数据而言,云、气溶胶、太阳反射耀斑等因素都会造成卫星传感器观测到的像元值存在较大偏差。因此,在使用数据前,必须对原始数据进行必要的质量控制,以去除存在较大误差的像元值,以免在后期重采样或建模时因为观测误差造成数据整体质量下滑或误差传递,尤其是在定量遥感反演中。

通常,数据产品在提供给用户时会一并提供质量控制文件,如本教学案例中的 l2_flags 产品。该产品 32bit 数据存储,每一个 bit 对应不同的质量控制,如表 5-2 所示。因此,在使用产品时,需根据用户具体需求,提取并解译对应 bit 位置的结果,以判定该像元值是否被污染。具体质量控制的原理为:每一个像元都有对应的 flag(l2_flags),通过将 flag 解码,根据质量控制标准,剔除相应 flag 标记的像元即可,即根据质量控制数据开展像元掩膜处理操作。

表 5-2 质量控制标准及其属性

Bit 位	质量控制代码	具体含义
0	ATMFAIL	大气校正失败
1	LAND	陆地像元
3	HIGLINT	太阳耀斑
4	HILT	异常高辐亮度值
5	HISATZEN	观测方位角过高(>60°)
8	STRAYLIGHT	直射光污染
9	CLDICE	云或冰污染
12	HISOLZEN	太阳天顶角过高
14	LOWLW	离水辐亮度偏低
15	CHLFAIL	叶绿素反演失败
16	NAVWARN	定位误差过大
19	MAXAERITER	气溶胶超过设定阈值
21	CHLWARN	叶绿素反演质量差
22	ATMWARN	大气校正可疑
25	NAVFAIL	定位失败

在具体编程时,使用 bitget 函数,将像元对应的 l2_flag 按照表 5-2 中的指定 bit 进行解码。此处务必提醒学生注意,bitget 返回的结果为逻辑型(0 或 1),0 表示否,1 表示是。由于表 5-2 中所列的质量控制标准都为应舍去的受影响的像元,因此 bitget 输出结果为 0 的应保留,输出结果为 1 的应掩膜。该逻辑过程与常规编程思路正好相反,非常容易造成把应掩膜的坏像元保留,而把不受影响的像元丢弃。同时,针对多个 bit 位的质量控制过程,可采用逐步腐蚀或迭代相加的手段来实现掩膜操作,该

步骤可让学生举一反三，采用多种手段来实现。另外，由于影像中 32bit 数据默认从 0 开始，Matlab 中 bitget 函数默认从 1 开始，因此在算法编写过程中务必提醒学生要牢记这点，即需要对表 5-2 中所列的 bit 位全部加 1。否则，整个质量控制过程将张冠李戴，导致结果全盘错误。其代码实现如图 5-10 所示，结果如图 5-11 所示。

```
%% 质量控制
flag_position=[1,2,4,5,6,9,10,13,15,16,17,20,22,23,26];%需进行质量控制的指标所在位置
for bit=flag_position
    chlor_a(bitget(QA_flags(ind),bit,'int32')==1)=nan;%对应位置flag为1的数据设为nan
end
```

图 5-10　质量控制代码实现过程

(a) 原始数据　　　(b) 质量控制后的数据

图 5-11　质量控制前后数据产品的空间覆盖对比

> **＊思政环节**
>
> 【科学精神】　科学的严谨性：开展质量控制是进行定量遥感应用中最基础和最重要的操作步骤。通过对比图 5-11 中质量控制前后同一数据产品的空间覆盖，直观地引导学生认识到科学素养对于科学研究的重要性。如果不进行质量控制，受污染的像元将被纳入后续数据重采样和反演过程中，造成周边反演结果全都存在较大误差。通过为学生讲述质量控制的作用，强化学生对待科学的严谨态度。

4）格网化

由于地球表面曲率的影响，原始数据的像元大小不统一。为便于后期计算和显示，往往需对原始影像数据进行格网化（gridding），生成格点大小统一的标准网格化数据。为实现该功能，需首先提取质量控制后产品的经度、纬度以及具体数据值，并建立标准经纬网格，通过重采样的方式生产网格产品。在 Matlab 中，有多种不同的函数可以实现上述功能，但各种方法语法和输出不同。因此，学生需要首先根据研究目标，选择合适的函数。类似地，创建标准经纬网格时，需要创建地理结构体，也存在三种不同的方式。同时，将格网化前后的数据产品进行对比，让学生了解地理坐标和图像坐标的对应关系，建立起地理学专业学生应具备的地理空间思维能力。

> ***思政环节**
>
> 【反思习惯】 通过让学生课下对比不同函数，帮助其认识到科学研究的实现过程多样，往往需要自己动手去实践方能得出哪种方法更为合适，即深刻认识到科学研究没有捷径和"绝知此事要躬行"的道理。

5）空间裁剪

由于原始遥感影像的空间覆盖范围往往是卫星传感器在单位时间内观测到的整个扫描区域的数据，为降低数据量，可根据研究区矢量文件，将研究区范围外的数据进行掩膜，即只保留研究区内的数据。该过程在空间分析中常被称作空间裁剪，其实现方式有矩形裁剪和不规则裁剪两种。

矩形裁剪：根据研究区的左上角点和右下角点经纬度裁剪出对角线覆盖的矩形区域，即裁剪出的范围为矢量边界的外接矩形区域。该方式因只需要两个经纬度坐标即可实现，故操作简单，但裁剪后的结果往往因矢量边界不规则而造成研究区外的数据结果也会被包含在内（图5-12）。

不规则裁剪：该方法往往利用矢量文件，将矢量文件与影像数据进行基于地理位置的空间匹配，然后提取落在矢量文件区域内的像元点，并将落在矢量文件区域外的点进行掩膜处理（图5-13）。

上述两种不同裁剪方式得出的具体结果将存在显著差异，因此需根据具体使用要求来选择合适的方法。

然而，Matlab中实现上述功能的函数有两种方案，第一种方案是使用inpolygon函数直接进行矢量栅格运算，即计算各栅格像元和矢量边界间的空间拓扑关系来判定像元是否在矢量边界内。该方法虽然原理直观，但由于栅格数据量大，故特别耗时。第二种方案是使用vec2mtx函数将矢量数据转换为栅格，然后进行栅格掩膜运算来实现裁剪。相比于第一种方案，该方法计算速度非常快，故应采用第二种方法。然而，前期各组学生在进行自学时往往容易选择第一种方案，为加深学生对第二种方案的掌握和印象，在具体实践时，可让学生展示自己编写的第一种方案，教师则采用第二种方案来编写算法。通过两种方法的直观对比，强化学生对第二种方案的掌握。

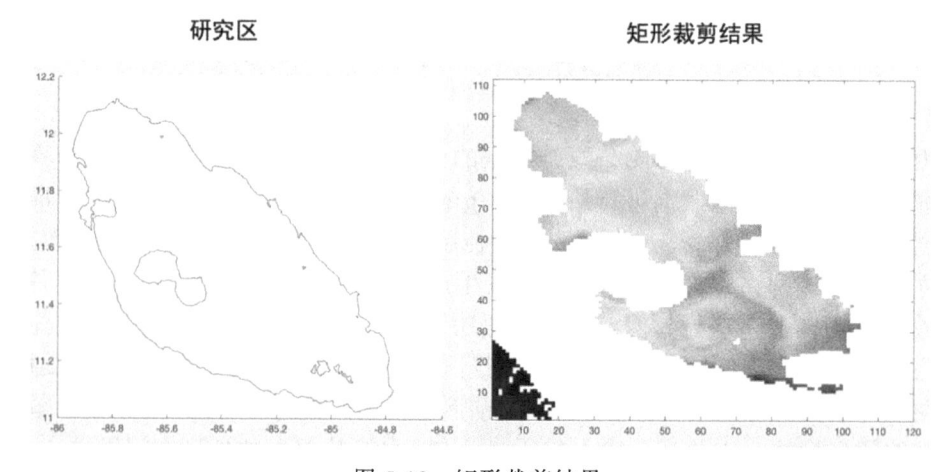

图5-12 矩形裁剪结果

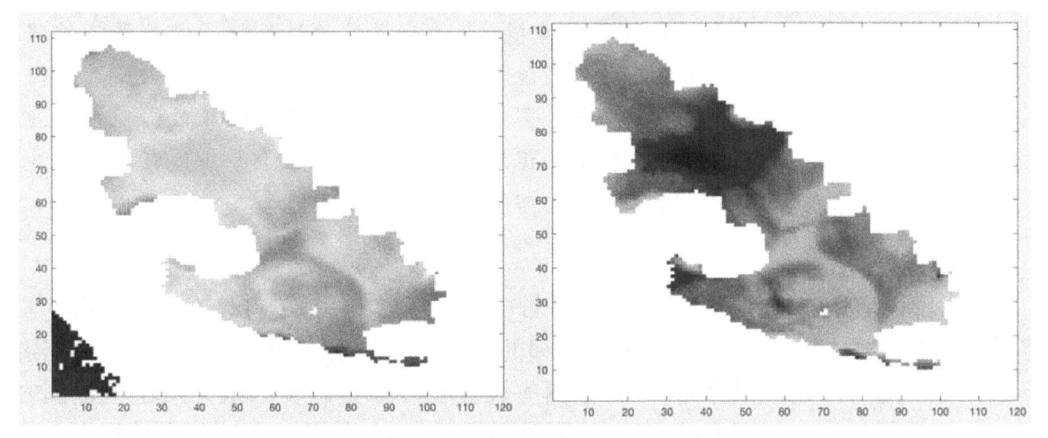

第五章　地理科学类专业课程思政教学案例设计　　·99·

矩形裁剪　　　　　　　　　　　　　不规则裁剪

图 5-13　矩形裁剪与不规则裁剪结果对比

> ***思政环节**
>
> 【反思能力】　该过程因第一种方案非常耗时,故往往在实际应用中可操作性较差,但学生存在固定思维,容易按照第一种方案去编写算法。此时,需要学生将该过程与 GIS 等空间分析课程中掌握的矢量转栅格理论进行联系,只要将矢量数据转成栅格数据后,再与待裁剪栅格影像进行栅格运算,即可实现空间裁剪功能。该环节旨在引导学生将学过的理论知识活学活用,培养举一反三以及打破惯性思维的反思能力。

6)叶绿素浓度反演

水体中叶绿素含量不同会导致水体在一定波长范围内的反射率发生显著变化,即水体反射率与叶绿素浓度之间存在定量关系,该定量关系即为遥感监测叶绿素浓度的理论基础。在众多反演算法中,经验模型由于理论简单,故使用广泛。经验模型主要以叶绿素 a 浓度和遥感参数之间的统计关系为基础,根据实测光谱或水质参数和模拟数据直接求取水体基本光学参数与水体成分浓度的经验关系式,是最常用的叶绿素 a 浓度遥感反演算法。

NASA 根据实测数据以及光谱响应等物理机理,发展了一批针对不同传感器的叶绿素反演算法(表 5-1)。本教学案例选取的是 OC3M 经验模型算法,该算法是针对 MODIS 传感器,利用遥感影像蓝波段–绿波段可见光范围的反射率与叶绿素浓度之间的关系来构建模型。由于针对的传感器不同,各算法的回归系数各异。因此,在具体进行算法编写时务必保证反演模型中 $a_0 \sim a_4$ 各参数的赋值正确,否则反演结果将存在较大偏差。另外,由于 OC3M 算法中 $R_{rs}(\lambda_{blue})$ 指代的是 443nm 和 488nm 两个波段的最大值,故在使用时务必要进行两个波段反射率的取极值操作。最后,将预处理后的三个波段反射率数据作为输入数据,即可反演叶绿素 a 的浓度。

> ***思政环节**
>
> 【科学精神】 细致严谨的科学工作精神：遥感反演的过程往往需要严密的理论支撑方可进行，尽管本课程采用了经验物理模型进行叶绿素 a 浓度的反演，但不同传感器使用的算法参数各异，并非同一套回归参数，且回归参数的精度已到小数点后四位。通过该过程引导学生认识到科学研究需求严谨务实，尤其是在算法编写时，不能对回归参数进行简单的四舍五入操作。

7）专题制图

专题制图部分主要使用了 Matlab 自带的绘图函数 pcolor，将计算结果进行伪彩色显示。在制图过程中，需搭配使用合理的颜色条，将反演的叶绿素 a 浓度数据进行分层设色显示。颜色空间的映射范围应设置在叶绿素浓度的最大最小值范围之间。本教学案例推荐使用 jet 颜色条，同时用函数 caxis 将颜色条映射在数据有效值范围内，使得颜色根据叶绿素浓度大小由蓝到红渐变。最后，使用 geoshow 函数将裁剪过后的矢量边界与分层设色结果进行叠加显示，具体代码如图 5-14 所示，结果如图 5-15 所示。

```
%% 画图
pcolor(x,y,chlora_q);shading flat;colormap jet;%显示叶绿素浓度数据，颜色条设为jet，显示colorbar
geoshow(shp,'FaceColor','none');%叠加矢量数据
toc;%显示记时结果
```

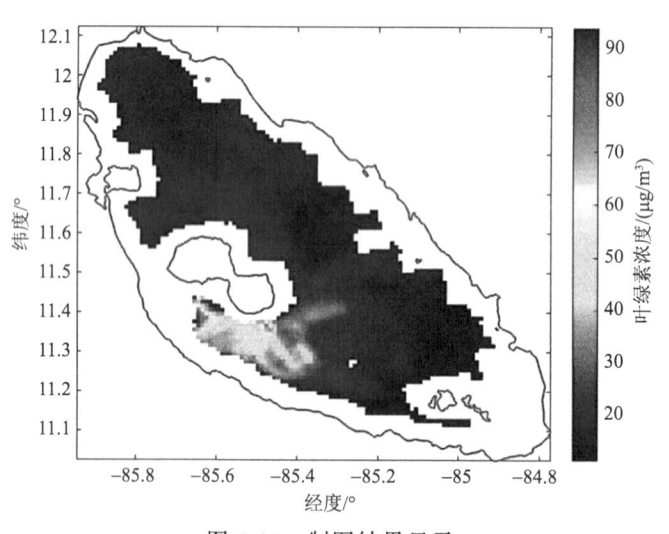

图 5-14 叶绿素浓度伪彩色显示代码

图 5-15 制图结果显示

8）总结与反思

本教学案例主要引导学生合理利用所学的遥感和 GIS 空间分析等理论，利用计算机语言，通过编程，设计开发一套围绕水质监测的行业应用软件模型，该课程旨在强化学生的逻辑思维过程建立和对理论知识的活学活用。不同学生编写的算法将在功能实现和算法效率上存在非常明显的差异，因此通过不同小组成果的对比及教

师讲解，将能更加有效地帮助学生建立科学研究过程思路及算法编写的技巧。

在开发过程中，教师需要引导学生认识到以下问题：

OC3M 模型是 NASA 针对 MODIS 传感器建立的叶绿素 a 浓度的反演方法。虽然方法简单，且容易理解和实现，但是由于该模型是经验算法，故具有一定的应用局限性和区域适用性。因此，该反演方法的普适性有待进一步检验。

遥感定量反演过程中误差控制是保证反演结果精度的重要步骤。因此，开展质量控制是进行定量遥感反演必须要进行的基本预处理过程。通过此次实践，强化学生对科研严谨性的高度重视。

引导学生认识到建立良好的研究思路是开展科学研究的重要前提。如果学生无法意识到本教学案例首先需要确定反演算法，才能去获取数据，将会使学生面临无从下手的情况。

帮助学生认识到算法开发过程并非是单纯的代码编写，良好的逻辑思维过程将是保证算法效率的关键，尤其是空间裁剪案例中不同方法的使用。只有通过与其他小组算法耗时的直观对比，才能有效强化学生对逻辑思维培养的重视。

---

*思政环节

【反思能力】 服务社会需求：通过本次开发实践课程，引导学生反思如何将学习的理论知识与现实社会需求联系起来，如何有效地利用所学知识服务国家和区域重大需求，解决国民经济发展中存在的现实人口、发展、环境等问题。

第五节　中国暴雨基本特征及江淮超强梅雨案例课程思政教学案例

本教学案例以我国自然灾害影响最为严重的暴雨为专题，帮助学生综合利用《气象学与气候学》中大气热力和动力过程、云微物理和降水机制、不同纬度天气系统特点等基础理论知识，宏观了解我国暴雨时空分布的特点以及造成不同区域性暴雨的主要影响系统；重点掌握洪涝灾害影响范围最广的江淮梅雨锋暴雨的典型环流形势及多尺度结构特征；以 1998 年和 2020 年江淮两次超强梅雨过程为例，利用降水数据、历史天气图、雷达回波及卫星云图，引导学生诊断分析超强梅雨锋暴雨的大气环流形势演变、高低空关键系统的相互配置、中尺度对流系统的影响等；探索总结造成江淮超强梅雨的大气环流及气候异常因子，并对照雨涝致灾情况，使学生充分认识到我国气象防灾减灾能力的提升以及三峡工程等对长江中下游地区的重要的防洪作用。通过历史案例复盘和成因探讨，理论联系实践，夯实学生基础知识，培养学生专业技能的反思能力，鼓励学生了解科研前沿，不断探索。

一、教学目标

【学科素养】了解我国暴雨时空分布的重要特点以及造成区域性暴雨的关键天气系统；掌握典型江淮梅雨锋暴雨的大尺度环流形势与多尺度结构特征，认识江淮暴雨预报的复杂性及困难性；理解高中低空系统如高空急流、中层短波槽、低层切变线、低空急流、梅雨锋等之间的相互配置与强降水之间的关系；探索总结江淮超强梅雨的雨涝特征及大尺度关键环流系统的异常及其可能成因。

【家国情怀】对照我国1998年和2020年两次超强梅雨的雨涝情况、致灾程度，让学生认识到气象预报在防灾减灾工作中的重要意义，夯实学生的专业知识；通过这两次超强梅雨引发的重大洪涝灾害中抗洪抢险壮举的讲述，让学生深刻感受到在无情的灾难面前，党和政府是我们的定心丸，解放军战士是我们坚固的防线，树立坚定的爱国爱党、保卫家园的理想信念。

【反思能力】基于江淮梅雨期历史数据、高中低空天气图、短期强降水过程的雷达回波与卫星云图，引导学生分析两次超强梅雨发生时，大尺度环流背景、高低空天气系统配置以及中尺度对流系统的影响；复盘分析这两个超强梅雨预报的要点，总结形成超强梅雨的大气环流条件的共性特征，探索其大气环流异常的多方面成因，提升学生在理论应用于实践中专业技能方面的反思能力。

【沟通合作】在进行两次超强梅雨过程分析时，分五个小组着重从五个方面逐一进行讨论：①对流层中层中高纬度阻塞形势和冷空气活动；②对流层低层低空急流、切变线及低涡环流、地面梅雨锋等；③对流层中层副高的位置和强度变化；④对流层高层南亚高压与其北侧的西风急流的南北位置和强度变化；⑤两次超强梅雨期中的大暴雨过程（1998年7月20~22日武汉和黄石突发性大暴雨、2020年7月18日安徽金寨大暴雨）的中尺度对流系统的演变；在分组描述后，由老师统一总结过程特点；借此让学生掌握梅雨锋暴雨的预报关键点，体验天气预报会商对天气的研判过程。

二、基本介绍

我国位于东亚，地形西高东低，南北跨高、中、低三个纬度带，受地理位置、地形因素、季风气候的影响，我国是世界上著名的多暴雨国家之一。据统计，我国洪涝损失约占全国各类自然灾害总经济损失的62%，居于自然灾害之首，暴雨不仅直接导致平地积水、河道漫溢、农田毁坏、房屋倒塌等最严重的洪涝灾害，还会引发山洪、滑坡、泥石流，瘟疫等多种次生灾害和衍生灾害，严重威胁国民经济和人民生命财产的安全。暴雨洪涝灾害的预报和防治历来都是中国防灾减灾的重点任务之一。因此，对于中国暴雨的时空分布特征及不同区域性暴雨的关键天气系统的学习，是地学专业技术人才进行相关灾害防控、应急管理等工作的基础知识储备。

梅雨汛期作为我国最为重要的雨季，持续性暴雨频发，导致洪峰叠加，往往引发江淮流域严重的洪涝灾害，是我国洪灾最严重的地区之一。新中国成立以来严重的大洪水事件都发生在该地区，如1954年长江流域特大洪涝、1991年江淮流域洪涝、1998年长江全流域大洪水、2016年长江中下游洪涝。2020年6~7月，长江中下游又经历一次超长梅雨期，梅汛期有多次暴雨过程，长江流域累积降雨量超过1998年同期水平；每年汛期，出入梅时间、梅雨量及梅汛期暴雨过程的预报都是气象业务和科研领域关注的重点。其中1998年长江中下游出现"二度梅"，在南方地区造成严重洪涝灾害，中国气象局 2000 年先后通过两个 "973" 项目及南方暴雨业务观测实验，对江淮梅雨锋暴雨的多尺度天气特征等进行了较为详尽的研究，主要成果收录在《长江流域梅雨锋暴雨机理的分析研究》等专著里，也是本教学案例的主要参阅材料之一。

然而，江淮梅雨的准确预报仍存在较大难度。一方面，梅雨锋暴雨本身受到大尺度环流背景，对流层高、中、低层天气系统配置，中尺度对流系统等直接或间接的影响，降水机制比较复杂；另一方面，江淮超强梅雨的产生不仅受到关键大气环流条件变化的影响，还与前期海气相互作用（厄尔尼诺事件）、青藏高原积雪、北极异常增暖等气候异常特征存在相关，极端降水气候事件的成因及物理机制更为复杂。因此，本教学案例基于 1998 年和 2020 年两次江淮超强梅雨过程，首先，对照其雨涝、致灾情况，让学生了解两次梅雨降水特征，认识到暴雨灾害的严重影响以及气象预报在国家防汛工作中的重要意义，深刻体会到党和政府、人民解放军战士在防洪抢险中的重要作用；然后，结合历史数据和天气图，让学生了解江淮梅雨的预报思路，总结超强梅雨的大气环流形势以及高低空关键天气系统的配置特点，并选取两次短期强降水过程，利用雷达回波和卫星云图，分析直接造成梅雨锋暴雨的中尺度对流系统的演变特点；让学生综合利用所学的基础知识，结合严密的逻辑推演，通过团队协作，进行历史案例复盘分析，探索多方面的影响因素。该课程的学习，不仅有助于学生树立应用学科专业知识服务国家重大需要的理念，更能鼓励学生积极思考，了解科研前沿，不断探索，为气象防灾减灾能力的提升做出新的贡献。

三、案例核心部分

（一）中国暴雨的时空分布特征概述

在我国，暴雨通常定义为 24 小时降水量 ≥50mm 的降水事件。对于一次连续数日的降水过程，累积降水量 ≥400mm 称为大暴雨过程，累积降水量 ≥800mm 称为特大暴雨过程。需要注意的是，我国地域广阔，降水的区域差异较大，各地的暴雨标准也有差异。例如，在华南地区一般 24 小时降水量 ≥80mm 才称为暴雨；东北地区 24 小时降水量 ≥30mm 称为暴雨；西北地区 24 小时降水量 ≥25mm 即可称为暴雨；一般各地以当地总降水量气候平均值的 1/15 作为暴雨的标准。

我国暴雨的时空分布：我国的雨季集中在 4~9 月，也是暴雨发生的主要时期。影响我国雨季的主要气候特征是季风气候，冬半年盛行东北季风，夏半年盛行西南季风。

在季风气候的影响下，我国东部地区出现独特的季节性大雨带的维持和向北推进，西部地区也具有典型的干季和雨季，主要的区域性暴雨为：华南前汛期暴雨、江淮梅雨期暴雨、北方盛夏期暴雨、华南后汛期暴雨、华西秋雨季暴雨、西北暴雨等。

（1）华南前汛期暴雨：主要包括广东、广西、福建、海南、湖南和江西南部地区。前汛期 4~6 月，主要受西风带环流影响，暴雨的主要影响系统是锋面、低空切变线、低涡和南支槽等。

（2）江淮梅雨期暴雨：主要是位于长江中下游、淮河流域至日本南部近似东西走向的带状地区，每年初夏时期（6 月中旬~7 月上旬）维持一条稳定持久的雨带，降水集中，暴雨过程频繁，洪涝灾害严重。每年入梅、出梅时间、梅雨期长短、梅雨量大小差别较大，如果连续降水日不足 6 天，定位为"空梅"。主要的影响系统是地面梅雨锋及其上中尺度对流系统、低层切变线及低涡或气旋、副热带高压（简称副高）、高层南压高压与急流等；

（3）北方盛夏期暴雨：江淮梅雨结束后，副高北跳雨带北移至华北和东北一带，造成 7 月中下旬～8 月上旬的暴雨。该阶段暴雨的特点是强度大、时间集中，容易造成影响大、致灾严重的特大暴雨，而且受地形影响，在山地迎风坡暴雨强度大。如 1963 年 8 月上旬河北特大暴雨、1977 年 7 月陕西大暴雨、1995 年 7 月松辽区域大暴雨、2012 年 7·21 北京特大暴雨等；主要影响系统有西南涡、北上台风、高空槽、副高边缘低空急流等；

（4）华南后汛期暴雨：7～9 月主要受热带系统的影响，包括热带气旋、东风波系统的影响，我国东南沿海地区多出现局地洪涝，降水过程间隔长，总降水量小，强度较强。

（5）华西秋雨季暴雨：每年 9～10 月，我国西部地区，包括甘肃东部、南部、陕西关中和陕南、四川、贵州、湖北西部、华南西部和云南东部地区，出现降水集中期，暴雨中心多位于四川东北部大巴山一带，降水范围大，持续时间长、强度一般。主要影响系统是西太平洋副高、印缅槽、贝加尔湖低槽等；

（6）西北暴雨：西北地区按日雨量计算，较难达到通常定义的暴雨或特大暴雨标准，但该地区容易发生相对较强的短时强降水，引起地面径流沿地形下泄，形成局地洪水和泥石流。日降水量≥25mm 的降水频次自东南和西北两方向中间减少，新疆东部最少，表现出向山脉附近集中的趋势。

（二）我国暴雨的特点总结

我国暴雨的频率和强度的地理分布，基本都是从东南向西北减少，呈现出南部多、北部少、东部多、西部少以及山脉的迎风坡多、背风坡少等分布特征；主要有以下四个重要特点：①暴雨集中在 5～8 月汛期期间，主要是因为我国夏季的降水和暴雨深受来自印度洋和西太平洋夏季风的影响；②大范围的雨季开始于夏季风的爆发、结束于夏季风的撤退，暴雨强度和变率与夏季风波动密切相关；暴雨强度大、极值高；③我国 24 小时出现或接近 1000mm 的降水量并不少见；暴雨持续时间长是我国暴雨的一个明显特点，可从数小时到数十天，绝大多数暴雨过程持续 3 天以上；④暴雨范围大，我国暴雨分为局地、区域性、大范围、特大范围暴雨四类，尤以梅雨期间江淮暴雨区面积最大。

思政环节

【家国情怀】+【国土认知】 通过对我国暴雨的时空分布特点的讲解，增强学生对国情的认知，使学生认识到我国是世界上暴雨洪涝灾害最严重的国家之一；通过对不同区域性暴雨特征的分析，学生可以认识到我国地域辽阔、受地理位置、地形因素、季风气候的影响，不同区域的暴雨特征存在差异且以复杂多样的形式影响系统，导致暴雨洪涝灾害的预报存在较大的挑战；借此引导学生认识到气象预报在国家防灾减灾工作中的重要性。

江淮梅雨的定义及环流基本特征：本部分以老师讲授为主，旨在介绍江淮梅雨的典型环流形势及多尺度结构特征，帮助学生了解梅雨预报的基本思路，为超强梅雨案例分析奠定基础。

江淮梅雨的定义及梅雨监测标准："梅实迎时雨，苍茫值晚春"，梅雨是春末夏初梅子成熟时期的降水。江淮梅雨指的是每年初夏，在湖北宜昌以东 28°N~34°N 的江淮流域出现的连阴雨天气，常伴有阵雨或雷雨，雨量可以达到暴雨的程度。梅雨的降水分布具有狭长的带状特点，与锋面类似，因此常称为梅雨锋雨带。按照《梅雨监测指标》（GB/T 33671—2017），梅雨监测区西自湖北宜昌，东至华东沿海，南段以南岭以北的 28°N 为界，北到淮河沿线 34°N，其范围为 28°N~34°N，110°E~122.5°E。按照气候类型又将其细分为江南区、长江中下游区、江淮区；确定各区域入梅出梅的指标依据是区域内各监测站的降水和关键环流指标的变化。

（三）江淮梅雨的典型环流特征及暴雨多尺度结构配置

典型江淮梅雨期间存在明显的环流特征（图 5-16）：对流层高层（100hPa 或 200hPa），南亚高压从高原向东移动，位于长江流域上空，梅雨期开始；对流层中层（500hPa），西太平洋副高脊线稳定在 22°N 附近，长江流域盛行西南风；中高纬呈现阻塞形势，大致分为三阻型、双阻型和单阻型三种情况。其中双阻型在梅雨期和后期较为常见，称为"标准型"，乌拉尔山和鄂霍次克海双阻高之间为宽广的低压槽，较为平直的西风带，不断有短波槽生成东移；对流层低层（700hPa 或 850hPa），江淮切变线南侧为低空西南急流，切变线上常有低涡东移；地面则是静止锋停滞，如中层西风带上有较强的低槽东移，静止锋波动产生江淮气旋，东移发展造成强降水。

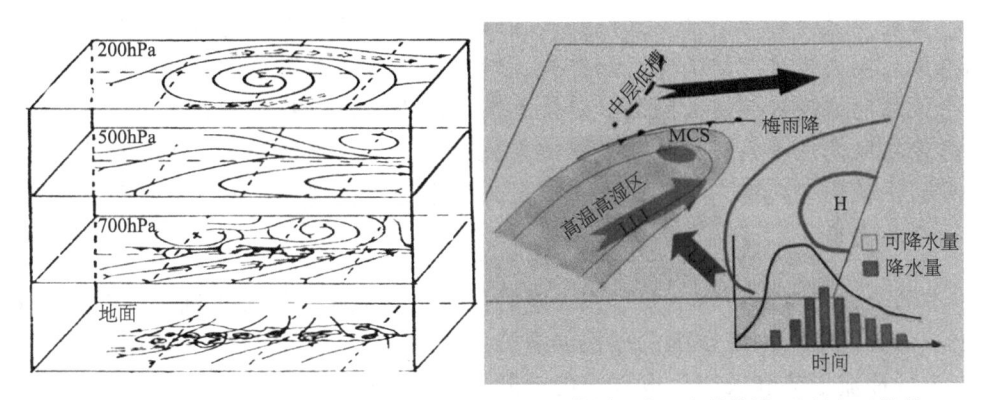

图 5-16 典型江淮梅雨期各层环流（朱乾根等，2007）与梅雨锋暴雨多尺度结构模型图（赵思雄等，2004）
（MCS: mesoscale convective system，中尺度对流系统；H：高压；LLJ: low level jet，低空急流）

梅雨锋暴雨发生的天气尺度条件为：沿副高边缘的东南季风和来自孟加拉湾的西南季风向江淮输送水汽；同时低空西南急流大值中心会造成风速脉动，增加降雨区的可降水量；中纬度地区小槽活动，有利于冷空气南下及梅雨锋的维持；高空西风急流（位于南亚高压的北侧）南侧和热带东风急流形成高空辐散。对流层中低层梅雨锋伴随的切变线或者其上东移的低涡，提供了低空辐合对流发展的环境条件。

卫星遥感、雷达观测的发展，使得气象学者发现梅雨锋暴雨是由多尺度的中尺度对流系统（MCS）组合而成的，即梅雨锋上的大尺度云系是由1000~2000km的α中尺度云系组成，而α中尺度云系又是由100~200km的β中尺度云系组成，β中尺度云系的合并、加强，反过来维持α中尺度云系；在β中尺度云系中又嵌套更小尺度的γ中尺度云。《长江流域梅雨锋暴雨机理的分析研究》指出，产生梅雨锋暴雨的中尺度对流系统一般发生发展于梅雨锋前，梅雨锋上发生发展的中尺度对流系统从γ到α尺度都有，有的与α中尺度梅雨锋低涡或气旋相联系，有的是局地发生的MCS；以梅雨锋前发生发展的α中尺度对流系统为例，尺度一般在200~500km，由20~200km的β中尺度对流体或对流线组成。其中对流线一般形成于边界层的辐合线上，在有利的大尺度环境条件下，尤其是对流发生区域，由降水产生下沉拖曳气流，形成向外的边界层出流，与原来的入流会形成新的边界层辐合线，导致新的对流线形成；对流线上的对流单体一般沿着辐合线移动，整条对流线则是由对流层中下层的盛行风向控制。

（四）江淮超强梅雨历史案例分析

*思政环节

【学科素养】 地学思辨：梅雨锋暴雨直接相关的中尺度对流系统受到特定的高低空、中低纬天气尺度系统配置的制约，又对天气尺度系统的发展和维持存在反馈；在进行天气形势分析和暴雨预报时，需要采用辩证的思维，从物理机制上进行综合的推理演绎。

细致严谨的科学态度：江淮梅雨预报要考虑诸多因素，包括对流层低层的西南季风、东南季风、梅雨锋、切变线；对流层中层的西太平洋副高、低槽；对流层中低层的梅雨锋气旋或低涡；对流层高层的南压高压和高空副热带西风急流、副热带东风急流等系统；中尺度对流系统的发生发展和结构演变等；这些都要从大量的高低空天气图、雷达回波、卫星云图中进行关键信息的提取，需要细致严谨的专业态度。

本部分以课堂研讨为主要形式，老师提供图表数据、历史天气图等引导学生按照上一部分江淮梅雨锋暴雨的预报的思路，针对1998年和2020年两次超强梅雨，首先进行环流形势和天气尺度系统的诊断分析，然后结合雷达回波图等对其中两次短时暴雨的中尺度对流系统的发生发展进行分析；在此基础上；结合最新文献，引导学生总结超强梅雨发生的大气环流关键因子，鼓励学生思考造成江淮梅雨异常的多方面气候因素。

雨涝致灾情况：首先，基于1951~2020年三个梅雨监测区的逐年梅雨期累计降水量、出入梅时间的历史序列图，引导学生找出江淮地区的四次超强梅雨过程，分别是1954年、1991年、1998年和2020年。而且四次超强梅雨的共性是均入梅早、出梅晚、梅雨期持续时间长、梅雨量远超过历史平均。这四次过程中，选取1998

年和2020年进行案例重点分析,原因是:1998年是长江流域全流域的特大洪水年,而且该过程存在特殊的"二度梅"过程;2020年是最近期发生的超强梅雨,累计雨量和长度超过1998年。两次超强梅雨期降水的主要特征如下。

1998年江南区6月8日入梅,8月4日出梅,雨季持续时间超过50天,其中江南区平均降水量达到783.8mm,仅次于1954年;雨带位于江南中北部,降水量普遍超过800mm,较常年同期偏多1倍。最显著的特征是出现"二度梅";第一段梅雨期,持续性强降水集中在长江中下游,特别是鄱阳湖、洞庭湖流域出现严重洪涝;随后7月上旬至中旬,长江流域降水偏少,中下游地区出现了近10天超过35℃的盛夏高温天气;第二段强降水集中在长江中游,暴雨过程强,发生严重洪涝。

2020年江南区6月1日入梅,7月11日出梅,梅雨期为40天,较常年偏长10天,区域平均梅雨量较常年偏多68.5%;长江区6月9日入梅,较常年偏早5天,7月31日出梅,梅雨期长达52天,较常年(29天)显著偏长,而且梅雨期总雨量较常年偏多153.2%,仅次于1954年的第二多年。江淮区6月10日入梅,较常年偏早11天,8月2日出梅,梅雨期长达53天;雨量较常年偏多149.2%,仅次于1991年的第二多年。长江区和江淮区的累积降水量均排名第二,分别次于1954年和1991年,已超过1998年,是一次典型的超强梅雨。

基于《中国气象灾害年鉴》和《中国环境统计年鉴》等,引导学生利用权威、官方、透明的气象资料进行雨涝灾情的情况调研,并结合两次特大洪灾的抗洪抢险的历史影像资料,让学生体会到灾难面前,党和政府真正地将人民群众的安危放在了首位。其中,1998年梅雨的影响区域主要集中在长江中游和两湖平原,二度梅进一步增强了长江中游洪涝灾害;多处河水潮位全线超过警戒水位;该次洪水作为一次重大灾害被载入史册。2020年梅雨期,持续的强降水过程导致江淮流域再次严重洪涝灾害,长江流域分别于7月2日和17日两次达到洪水编号标准;7月14日淮河王家坝水位涨至27.5m,与警戒水位持平;7月6日鄱阳湖星子水文站超警戒水位0.62m,达洪水编号标准;但是,截至7月底,该次南方洪涝灾害造成的损失较以往明显偏轻,受灾人次、因灾死亡失踪人数、倒塌房屋等均偏低25%以上。引导学生认识到受灾程度的降低是因为气象部门预报能力的提升,还有三峡工程的建设对长江中下游地区起到巨大的防洪作用。

结合中国气象局的官方新闻报道资料,介绍气象预报在防汛抗旱工作中的保障作用,以及面对重大灾难时的巨大的挑战和压力。具体包括:①1998年前后,国内外数值模式预报时效短,分辨率和准确率较低,如欧洲中期天气中心只发布到7天的预报,可用时效只有不到5天,而日本传真预报图也只发布到4天。中央气象台会商室、专项保障小组成员基于全国2000多个观测站上传的常规观测资料、有限区域同化预报系统产品、欧洲中期数值预报中心形势场资料等,进行缜密分析,结合预报员经验,判断汛期天气形势,并根据实况对数值预报结果进行订正,面对决策需求,预报压力很大。例如,1998年7月13日,长江三峡库区水位告急,流量达到50000m³/s,如果未来3天再有降水量超过50mm的降水,洪峰流量超过65000m³/s,就不得不被迫停工,转移人员和设备。中央气象台首席预报员何立富回忆当年的情景说，"那次预报十分惊险。中央气象台随即成立了专项保障小组，进行专题分析，并最终在当日的大会商中预报 15～17 日将出现 30～40mm 的降水，而实际的降水量为 35mm"。当时的模式预报结果是，7 月 15～17 日的降水量会超过 50mm，但通过预报员订正，预报结论最终确定降水量为 30～40mm。引导学生认识到在当时数值预报等辅助能力不够的情况下，扎实的专业素养对关键时刻的决策起到重要的作用。②现今预报员可以使用全国 4000 多个逐小时观测站点、全覆盖的雷达监测以及同化在数值模式中的卫星资料。在遇有重大天气过程时，还可以采用移动观测设备，进行有针对性地加密观测。精确到十几公里甚至几公里分辨率的数值模式，使得他们能更好地预报暴雨落区、出现时段、累积雨量等。预报员悄然地从经验预报为主的"传统型"时代向"现代型"转变。

（五）环流形势和天气尺度系统特征

*思政环节

【家国情怀】 通过 1998 年和 2020 年两次江淮超强梅雨雨涝灾情的比较，让学生深刻认识到气象防灾减灾工作的严峻性和重要性；引导学生认识到气象预报能力的提升以及国家三峡工程的建设对洪涝灾害损失的减轻起到了关键作用。通过对气象预报现状的介绍，引导学生认识到技术的进步促使预报员转型，但是认真、严谨、敢于担当的精神仍在传承。

【国家认同】 通过抗洪抢险历史事实的展示，让年轻的大学生们直观感受特大洪水灾难来临之时，党和政府就是我们的定心丸，解放军战士是我们坚固的防线，一边是暴雨造成的咆哮肆虐的洪水，残酷无情；一边是党领导下的齐心协力的百姓，大爱满天下，提升学生们的家国情怀。

以 1998 年的 6～7 月梅雨期的 200hPa、500hPa、850hPa、地面天气图为例，引导学生按照江淮梅雨的预报思路分析环流形势和高低空天气尺度系统的配置（赵思雄等，2004）。具体介绍如下。

1998 年 6～7 月的雨带演变主要分为 4 个阶段：第一个阶段（6 月 1～11 日），雨带位于华南地区；第二阶段（6 月 12～7 月 3 日）为第一段梅雨；第三阶段（7 月 4～19 日）为梅雨的间歇期；第四阶段（7 月 20～30 日）为第二段梅雨。第一段梅雨的主要降水中心位于长江中下游及长江以南。第二段梅雨降水范围有所减小，主要雨带位于长江中下游地区，强度较强，以湖北降水最强，超过 600mm。

（1）500hPa 分析要点：1998 年两段梅雨期，中高纬度地区平均环流差异较大。第一段梅雨期平均环流呈纬向分布，初始时（6 月 12～22 日）中高纬度有双阻高形势，乌拉尔山阻塞高压较强，极地冷空气沿高压脊前西北气流东移南下，但后期较平直；第二段梅雨典型的鄂霍次克海和乌拉尔山双阻形势，之间是宽广的低压槽，中纬度地区高原北侧到日本有一低槽东移引导冷空气南下；6～7 月大部分时间副高比常年偏西，有利于长江上游的降水；但在第二段梅雨开始之前突然南撤，从原来控制整个长江以南地区，到只控制华南沿海，雨带从黄淮南退到长江流域，而常年该阶段副高应该北跳，雨带位于华北。

（2）850hPa分析要点：两段梅雨期间，均有南支槽的维持，印度季风槽的西风在南海转为南风，和副高南侧东风气流转向的南风，合并到达长江流域；两段梅雨期间的副高边缘低纬西南风正好输送到长江中下游地区，但是其中梅雨中断的阶段，副高北抬，位置偏北，低纬西南气流推进到长江以北的黄淮地区；其中第二段梅雨最显著的特征是长江中游地区有低压环流存在，表明该阶段多种尺度扰动活动，造成强降水。

（3）200hPa分析要点：第二段梅雨初期，高空急流向东南移动，长江中下游地区在19日还位于高空急流出口区南侧，到了21日则位于高空急流入口区南侧，而高空急流入口南侧的上升气流不利于副高的维持，导致副高南撤。

然后，提供2020年6～7月的高低空天气图以及最新文献分析的图表，引导学生小组讨论分析，该次超强梅雨的降水过程及对应的环流形势演变特点。具体讨论要点如下。

2020年6～7月我国南方地区共出现11轮降水过程，除了6月2～9日的华南到江南南部强降水过程，其余10次均集中出现在江淮，空间重叠度高；6月份雨带自北向南移动为主，降水带南北振幅大，降水持续时间相对短，但7月上旬集中在长江中下游沿江地区30°N附近。

（4）500hPa分析要点：副高南北位置的异常变化是导致2020年出现超强梅雨的一个关键环流因子；副高6次北抬和南撤的阶段性变化，表现出明显的准双周振荡特征，其周期性变化与梅雨的开始和结束、主雨带的北抬和停滞、强降水过程的发生维持有很强的对应关系。

（5）850hPa分析要点：2020年7月份华北高压和副高之间稳定的东西向江淮低空切变线；四川盆地位于青藏高原下游背风坡有定常低涡系统，若有明显的高空槽或高原槽引导，会沿着切变线东移发展，在长江中下游地区形成大范围的强降水过程。低层西南急流和水汽输送的特点明显，与副高脊线的准双周振荡对应，共出现5次明显加强北伸；西风急流的周期性加强、南风大值中心的反复建立和维持，使得低层水汽输送周期性加强，辐合上升运动反复发展，暴雨频发，导致梅雨在江淮流域长时间维持；

（6）200hPa分析要点：入梅前南压高压的突然大幅度北跳是入梅的一个前期信号，其北侧的高空西风急流的南北位置和强度变化与梅雨关系显著。2020年南压高压与其北侧的副热带高空急流也经历了5次加强北抬随后减弱南撤的过程，但摆动振幅不大，位置稳定，5月下旬末、6月上旬末的两次北抬，对应着江南、长江、江淮梅雨的先后开始；随后西风急流轴和南亚高压脊线分别稳定在37°N～40°N，26°N～28°N，二者之间高空辐散，有利于中低层垂直上升运动发展，为梅雨期持续性强降水提供动力条件。

（六）中尺度对流系统的分析

首先，以1998年7月20～22日武汉、黄石突发性大暴雨过程的中尺度系统演变为例，提供历史图片资料（赵思雄等，2004），引导学生理解梅雨锋暴雨的中尺度雨团与对流系统的分析思路。具体要点如下：长江中下游地区梅雨锋上降水分布不均匀，有两片雨区：鄂东 400 mm 的中心和鄂西南附近的 300mm 的中心，对应梅雨锋上的 α 中尺度雨区。前一个就是引发武汉、黄石突发性暴雨的中尺度雨团。利用每小时的红外云图，可以看到 20 日 19 时、21 日 20 时在武汉和黄石附近，开始有一个较强的 β 中尺度云团发生发展，并在 20 日 22 时、22 日 00 时达到最强，是直接造成两地强小时降水的系统。雷达回波特征分析得出，武汉特大暴雨的形成对应积雨云组成的块状强回波及其稳定维持，短轴尺度超过 30km，强度很强，超过 45dbz，垂直回波有 13km 以上；每隔 2~3 小时有一次分裂过程，即此回波成熟后，一般强度达到 60dbz，随即开始分裂成几个小单体，经过 2~3 小时又重新合并；强降雨一般发生在回波最强至分裂的过程中。

引导学生对 2020 年 7 月 18 日的梅雨锋江淮气旋暴雨进行中尺度对流系统的分析（陈涛等，2020）。要点如下：2020 年 7 月 18 日高空槽配合江淮切变线上低涡移动，有江淮气旋发展的强降水过程，高空槽前正涡度平流的影响，低层切变线上有两个低涡系统发展成江淮气旋出海，在其移动路径上产生大范围强降水。雷达回波反射率显示，梅雨锋西段的中尺度对流系，位于 925hPa 切变线以北，在南侧对流边界存在多条西南—东北走向 β 中尺度线状对流，具有显著东移的特征，列车效应作用下局地降水强度大；而梅雨锋东段的 MCS 位于 925hPa 切变线南侧，稳定维持，强降水回波在大别山南麓。

（七）超强梅雨的关键大气环流条件总结

引导学生总结造成超强梅雨过程的关键大气环流条件（刘芸芸和丁一汇，2020），具体要点包括：①欧亚中高纬度环流双阻形势显著，东亚沿岸低槽活跃，冷空气势力较强，经西北或东北路径不断南下；②副高存在阶段性的北抬和南撤变化，但南北摆动振幅较小，位置稳定在 20°N~26°N 范围；③高空西风急流较强，位置稳定在 37°N~40°N 范围；④西南低空急流加强，形成南风大值中心；中高纬冷空气南侵正好对应低纬低空急流的加强；⑤这些系统表现出显著的准双周振荡特征，促使强降水过程反复发生和维持，有利于江淮形成超强梅雨。

---

*思政环节

【学科素养】 细致严谨的专业态度：对天气过程的分析和研判需要针对多个时刻、不同层次的天气图，对诸多气象要素进行诊断分析，尤其是梅雨锋暴雨涉及高中低空不同天气尺度系统的配置，还有引发强降水过程的中尺度雨团和对流系统的特征判别；通过案例实际操作，培养学生细致严谨的专业态度。

【反思能力】 专业技能反思能力：通过复杂的梅雨锋暴雨案例的复盘分析，促使学生将《气象学与气候学》课本中独立、枯燥的天气系统与暴雨生成的条件等基础理论直接应用在实践中，巩固课堂所学，反思理论要点，提高专业技能。

【团队协作】 协作学习：通过分小组对超强梅雨过程的环流形势和多尺度结构特征的讨论，形成各自的诊断分析要点，进行汇报会商，让学生之间互相学习，共同成长。

（八）江淮梅雨异常的气候影响因子探讨

基于文献研究，引导学生探讨造成梅雨异常的多种气候因子，具体要点包括：

（1）2020年北极地区异常增暖，通过对中高纬度天气系统的作用，导致欧亚地区经向环流异常，从而增强干冷空气的向南输送，这种不断输送的干冷空气与副热带高压带来的暖湿气流在长江中下游地区长时间对峙，造成了持续的强降水过程。

（2）青藏高原前期积雪偏多，引起了夏季高原对大气加热强度的减弱，通过调节东亚大气环流有利于西太平洋副热带高压西伸加强，也有利于将暖湿空气输送到长江中下游地区，引起降水异常。

（3）2020年春季前期结束的弱"厄尔尼诺"事件以及赤道印度洋海温异常偏暖，综合作用导致副高显著偏强。需要引导学生思考两年的差异，1998年是20世纪最强厄尔尼诺事件的次年，赤道中东太平洋海温偏高，沃克环流（赤道海洋表面因海水温度东西差异而产生的纬圈热力环流）减弱，导致西太平洋副高增强、位置偏西偏南，同时东亚夏季风偏弱，暖湿气流北上势力不强，冷暖空气交汇产生的季风雨带偏南，从而导致长江中下游多雨。

*思政环节

【学科素养】 勇于创新的探索精神：江淮梅雨异常的预报是当前天气预报及气候预测领域的难题。在引导学生认识到对梅雨锋暴雨的环流因子研究的基础上，还需要考虑海-陆-气的相互作用对该地区降水异常的可能影响，鼓励学生们发现问题，不断探索，有所创新。

【地学思辨】 通过对气候异常因子的讨论，引导学生辩证地思考问题，是否一定是强的厄尔尼诺事件才会导致次年夏季江淮梅雨异常偏多？不同类型、不同强度的厄尔尼诺事件对江淮梅雨异常的影响是怎样的？江淮梅雨异常偏多一定伴随着前一年的厄尔尼诺事件吗？通过启发式教学，培养学生科研的逻辑思维。

第六节 GIS在红色旅游路线设计及分析中的应用课程思政教学案例

一、教学目标

【学科素养】根据地理实体的空间定位需求，了解直接定位和间接定位两种定位方式各自的特点和实现方法；通过认识地理编码内涵，了解地理编码的前提、地理编码中的匹配处理方法、地理编码中的结果、提高地理编码精度与效率的方法，熟悉创建地址定位器以及利用地址定位器对地址进行匹配的相关软件操作；通过认识图论，了解网络分析的理论基础以及基本要素，掌握新建网络数据集以及进行网络分析的相关软件操作。

【家国情怀】通过了解我国自主研发的北斗卫星导航系统所提供的位置服务在维护国家安全、推动经济发展、保障人民生活等多个方面的重要作用，强化学生对个人发展与国家命运紧密相连的认同感；通过了解地理编码与网络分析技术在红色旅游及我国"智慧城市"建设中起的支撑作用，认识国家推进新型城镇化建设的重大意义；通过对我国红色旅游景点分布和历史背景的认识，激发学生的爱国主义，以此深入认识社会主义核心价值观。

【反思能力】根据 GIS 在红色旅游路线设计及分析中的应用案例，深入认识 GIS 技术在城市公共基础数据建设中的重要作用，反思如何将专业知识服务国家重大需求。

二、基本介绍

近十几年，红色旅游迅速升温，全国各地掀起一波又一波"红色浪潮"。自 2004 年以来，中共中央办公厅、国务院办公厅先后印发三期《全国红色旅游发展规划纲要》。截至 2016 年底，国家发展和改革委员会印发的《全国红色旅游经典景区名录》中有 300 处全国红色旅游经典景区。2011 年 3 月，习近平同志在韶山调研时强调，"革命传统资源是我们党的宝贵精神财富，每一个红色旅游景点都是一个常学常新的生动课堂，蕴含着丰富的政治智慧和道德滋养"。当前，红色旅游已成为我国进行爱国主义教育和革命传统教育的生动课堂和重要渠道，在传播红色文化、助力经济社会发展等方面取得了积极成效。

GIS 技术在红色旅游中发挥着关键作用。红色旅游景点的地理空间信息是发展红色旅游的重要基础。为了更好地为红色旅游规划的各社会部门提供多层次、高质量、高效率的信息服务及决策支持，需要建立各部门分散的信息资源（如旅游信息、教育信息、产业信息、人口信息等）与红色旅游景点地理空间位置之间的联系，而地理编码正是建立这种联系最重要的手段。地理编码又称地址匹配，是根据对象的地址信息（如路名和门牌号、行政地名、地标名、邮政编码等）与空间参照数据的匹配得到空间坐标信息的过程。利用地理编码技术可以获取红色旅游景点的空间位置并准确匹配至地图，通过结合红色旅游景点的空间分布特征，进一步支持红色旅游景点的产业分析、教育功能分析以及区域扶贫探索。红色旅游路线可以视为一个由点、线二元关系构成的网络系统。GIS 中的网络分析可以研究、筹划一项网络工程如何进行，并使其运行效果最好。利用网络分析有助于规划红色旅游出行起点、不同景点之间以及终点的最优路径。此外，在红色旅游中还会遇到需要查询景点附近的最近公交站点、餐馆等需求，甚至旅游部门在规划一个新的红色旅游景点时，也会遇到需要综合考虑红色旅游景点与交通线、河流、行政中心的距离以及地形特征等因素。因此，综合应用 GIS 中的叠置分析、缓冲区分析以及地形分析等功能，可以为红色旅游发展提供决策参考。

上海市留下了无数革命者的足迹,有着丰富的红色资源。截至 2017 年底,已有 12 个景点列入红色旅游经典名录。本教学案例以 GIS 中的地理编码和网络分析在上海市红色旅游线路设计及分析中的应用为例,讲述地理编码和网络分析的关键技术及其实现过程,以此认识地理编码与网络分析技术对我国智慧城市建设的支撑作用,是强化 GIS 专业知识学习、教学的重要案例,同时也是推动"四史"学习教育、推进国家新型城镇化建设的课程思政重要范本。通过对本教学案例的学习,既能学习专业基础知识、认识科学研究的严谨性,又能加深对国情的认知,形成应用专业知识应对国家重大需求的理念。

三、案例核心部分

(一)地理实体的空间定位

地理实体的空间定位需求分为两类:

(1)已有地理实体的坐标信息(经纬度或者平面坐标,如 121.43°E,31.14°N),需要找到对应的位置,并根据坐标信息生成点图层。

(2)知道某个地方的地址(如上海市闵行区东川路 500 号),需要在地图中找到对应位置。

根据地理实体空间定位的不同需求,也顺应产生了两种相对应的空间定位方式:

(1)直接定位:由地理实体的坐标定位该实体空间位置。

(2)间接定位:由地理实体的地址信息(如所在路名及门牌号、所在区域、邮政编码等)通过一定方式转换为空间坐标后方式间接确定该实体的空间位置。

以 ArcGIS 软件为例,进行直接定位的方法包括:

(1)如有 x、y 坐标记录在表格中,可利用 ArcMap 中"File"菜单下的"Add Data\Add XY Data"的方法进行空间定位;利用"Export Data"的方式保存。

(2)利用"Tools"工具条中的"Go To XY"按钮,在弹出的对话框中输入一个 x 和 y 坐标,产生一个点图形(Graphics);通过"Draw"工具条中"Drawing"菜单下的"Convert Graphics To Features"命令,保存为 Feature Class。

由此可见,地理实体的直接定位需要获取地理实体准确的坐标信息。北斗卫星导航系统(BeiDou navigation satellite system, BDS)是我国独立自主建设和发展的全球卫星导航系统,目标是建成独立自主、开放兼容、技术先进、稳定可靠、覆盖全球的导航系统,为全球用户提供连续、稳定、可靠的定位、导航、授时服务。北斗卫星导航系统由空间段、地面控制段、用户段组成。空间段截至 2019 年 12 月底已发射了 28 颗北斗三号卫星(其中,1 颗地球静止轨道卫星、24 颗中圆地球轨道卫星、3 颗倾斜地球同步轨道卫星),构建了稳定可靠的星间链路,实现星间星地联合组网;地面控制段包括主控站、时间同步/注入站和监测站等若干地面站,以及星间链路运行管理设施;用户段包括北斗兼容其他卫星导航系统的芯片、模块、天线等基础产品,以及终端产品、应用系统与应用服务等。目前,北斗卫星导航系统的空间信号精度优于 0.5m;全球定位精度优于 10m,测速精度优于 0.2m/s,授时精度优于 20ns;亚太地区定位精度优于 5m,测速精度优于 0.1m/s,授时精度优于 10ns。

北斗卫星导航系统所提供的位置服务在维护国家安全、推动经济发展、保障人民生活等多个方面发挥着重要作用。

很多情况下，我们需要分析的对象并没有直接的 x、y 坐标信息，只有地址信息（如红色旅游景点所在路名及门牌号、所在区域、邮政编码等），在这种情况下需要通过地理编码的方式进行空间定位。

---

*思政环节

【家国情怀】 了解北斗卫星导航系统是中国着眼于国家安全和经济社会发展需要，自主建设、独立运行的卫星导航系统，能为全球用户提供全天候、全天时、高精度的定位和导航服务，促进学生追求创新进步的信念，强化学生对个人发展与国家命运紧密相连的认同感。

【学科素养】 科学认识地理实体直接定位和间接定位两种定位方式各自的特点和实现方法；从北斗卫星导航系统的自主研发历程案例，认识北斗卫星导航系统研发历程中科学家体现出的自力更生、团结协作、攻坚克难、追求卓越的"北斗精神"，鼓励学生勇攀学科高峰。

（二）地理编码的概念和其在红色旅游线路设计及分析中的应用

地理编码又称地址匹配，是根据对象的地址信息（如路名和门牌号、行政地名、地标名、邮政编码等）与空间参照数据的匹配得到空间坐标信息的过程，包括两个方面：一是将给定的位置描述信息与地址库中的信息进行匹配分析，位置描述信息赋予地理坐标，称为地理编码；二是由地理坐标获得相近的位置描述信息，称为逆地理编码。地理编码是地理实体进行间接空间定位的一种方式，是对地址数据与地理空间信息整合、分析的基础。

进行地理编码的前提：①需要有作为地址参照的空间数据，如道路图、行政区划图、地标分布图等；②需要有应用程序，能根据输入地址进行匹配处理；③用于地理编码的地理实体，其地址信息需要符合应用程序的规范。

地理编码中的匹配处理方法：在参照数据中查找与输入地址名能够匹配的对象，返回该对象的坐标（如对象为多边形，通常是返回多边形的中心点坐标）；对路名加门牌号的地址，可以先根据路名在地图上找到相应的道路，然后根据门牌号找到所在的路段，最后根据路段两边的门牌号码利用内插原理确定位置；对路名加门牌号的地址，也可以先找到相近的匹配对象，然后再利用内插原理确定位置，如东川路 502 号没有对应的匹配对象，可以根据相近的匹配对象（500 号和 600 号）计算。

地理编码中的结果。一个地址的地理编码结果有三种情况：返回一个正确的位置信息；返回一个错误的位置信息；未找到对应的匹配，没有返回位置信息。返回错误位置信息的原因可能是参照数据的错误，也可能是同个地址有多个匹配（如参考地图中有多条道路叫"人民路"）。未找到对应匹配的原因可能是参照数据的不完整或错误，也可能是一个对象有多个名称（如中国共产党第一次全国代表大会会址纪念馆又可称为中共"一大"会址纪念馆、"一大"会址等），也可能是地址书写错误（如南京东路写成南京路）。

提高地理编码精度与效率的方法。针对地理编码过程中可能会出现的匹配错误以及不能匹配的情况，可使用一些方法来提高地理编码的精度与效率。①利用分区信息：为了减少或避免地名重复产生的地理编码错误，可以在参考数据中增加分区字段，在地理编码时输入的地址包括分区信息；②利用别名表：别名表中列出别名及对应的标准名称，在参考图层找不到别名的情况下，根据其标准名称在参考图层中查找对应的要素；③模糊匹配：在地理编码时，当不能找到严格匹配的对象时，可以选择比较接近的匹配对象，或显示比较接近的候选对象供用户选择，如输入的地址名称是"第一次全国代表大会"，那么"中国共产党第一次全国代表大会会址纪念馆"就能作为模糊匹配对象。

地理编码技术在红色旅游路线设计及分析中的应用。通常情况下，获取到的红色旅游景点只提供了地址信息（如景点名、路名和门牌号、行政地名、邮政编码等），可以采用地理编码技术，将红色旅游景点的地址信息与空间参照数据进行匹配，获取旅游景点的空间坐标信息，分析红色旅游景点的空间分布特征，并建立红色旅游景点地理空间位置与相关信息资源（如历史信息、教育信息、产业信息、人口信息、餐饮服务信息等）之间的联系，进一步助力红色旅游景点的产业分析、教育功能分析以及区域扶贫探索等信息挖掘。

需要注意的是，地理编码技术在"智慧城市"建设中也有着重要作用和地位。《国家新型城镇化规划（2014—2020年）》中指出，城镇化是现代化的必由之路，是解决农业农村农民问题的重要途径，是推动区域协调发展的有力支撑。随着城市化进程的不断加速，城市管理、城市安全、城市可持续发展等领域面临着更加严峻的挑战。借助人工智能、大数据、物联网等新兴技术发展和国家政策的有力支持，"智慧城市"应运而生。"智慧城市"是信息技术高度集成的网络化、信息化和智能化城市，其中地理空间信息是"智慧城市"建设的重要基础。例如上海地理信息公共服务平台（http://shanghai.tianditu.gov.cn/map/views/index.html）为上海"智慧城市"建设构建了统一的时空信息基础平台，能够实现政府信息资源共享，避免信息孤岛和重复建设。平台自运行以来，已经涌现了如上海红色文化地图、上海市地理国情监测与应用系统、上海市防空防灾信息基础平台、上海市油气管道信息系统等多个应用，发挥了较好的经济和社会效益。其中多个应用中都涉及的关键技术之一就是利用地理编码将各部门分散的信息资源与地理空间位置之间进行联系。这些都为保障"贯彻新发展理念，建设现代化经济体系"起到了重要的作用。党的十九大报告指出，"我国经济已由高速增长阶段转向高质量发展阶段，正处在转变发展方式、优化经济结构、转换增长动力的攻关期，建设现代化经济体系是跨越关口的迫切要求和我国发展的战略目标。必须坚持质量第一、效益优先，以供给侧结构性改革为主线，推动经济发展质量变革、效率变革、动力变革，提高全要素生产率，着力加快建设实体经济、科技创新、现代金融、人力资源协同发展的产业体系，着力构建市场机制有效、微观主体有活力、宏观调控有度的经济体制，不断增强我国经济创新力和竞争力"。因此，地理编码技术是保障经济精细化发展与管理，推动新形态经济如数字经济、网络经济等顺利发展的重要保障之一。

> ＊思政环节
>
> 【家国情怀】 通过上述对地理编码技术的介绍以及地理编码技术在红色旅游和"智慧城市"建设中的应用，理解在国家推进新型城镇化和现代化经济体系建设中，地理编码技术发挥的重要支撑作用，强化学生利用专业知识服务国家重大需求的信念。
>
> 【科学精神】 细致严谨的科学精神：科学合理地解决地理编码过程中匹配错误及不能匹配的问题。在地理编码过程中，根据地理编码结果匹配错误和不匹配的情况，科学合理地分析可能的因素，提出针对性的解决方案，提高地理编码的精度与效率。

（三）地理编码的实现

地理编码可以通过创建地址定位器并进行地址匹配，以及在线地理编码服务两种方式实现。地址定位器只能为本机提供地理编码和地址匹配功能；在线地理编码服务将地址定位器包装为在线服务的方式，可以通过网络调用在线地理编码服务，进行地址匹配。

第一种实现方式以 ArcGIS 软件为例进行说明。在 ArcGIS Desktop 中，主要利用 ArcMap 的"Geocoding"工具条和 ArcToolbox 中的"Geocoding Tools"工具箱实现地理编码的相关功能。ArcGIS 中地理编码主要包括以下两个过程：①创建地址定位器（address locator）；②利用地址定位器对地址进行匹配（address match）。

创建地址定位器。在 ArcGIS 中，需要针对不同形式的地址，创建自定义的地址定位器用于地理编码。ArcGIS 10.4 支持 12 种地址定位器；此外不同的地址定位器可以组合成复合地址定位器（composite locator）。地址定位器可以分成两大类型：①基于道路的地址定位器；②基于地名的地址定位器。

基于道路的地址定位器是以道路图（线）作为空间参照数据，根据具体情况又可分为 One Range 和 Dual Ranges 地址定位器。One Range 地址定位器的参照道路（线）要求具有路名、起始门牌号、终止门牌号等字段信息，其中，起始门牌号和终止门牌号不区分道路左右。Dual Ranges 地址定位器要求参考的道路数据（线）具有路名、左起始门牌号、左终止门牌号、右起始门牌号、右终止门牌号等字段信息。利用该地址定位器进行的地理编码，我们可以设置一个偏移值（offset），使得定位结果不在道路线上，而与道路线有个偏移距离，单号和双号地址的偏移方向相反（方向与参考道路的左右门牌号一致）。

基于地名的地址定位器是以地名图（可以是行政区划图、地标分布图、邮政编码图等，可以是点或多边形）为参照数据，根据地名图的类型又分为 City State Country、Gazetteer 以及 Single Field 等。City State Country 地址定位器是一种层次型的行政地名地址定位器，地址可以是国家、州（省）、市，也可以是州（省）、市、县。要求参照数据必须要有 City Name 字段（即至少要有一个行政地名字段），此外，还可以有 State、Country 等字段；Gazetteer 地址定位器利用地名数据作为参照数据，必须要有一个 Place Name 字段。ESRI 公司已建立了一个全球地名数据（点数据）；

Single Field 地址定位器是通过某个字段使定位对象与参照数据中的记录相匹配。

创建复合地址定位器。一个复合地址定位器由两个或多个单一的地址定位器（或地理编码服务）组成；根据复合地址定位器对地址进行地理编码时，自动将地址同其中包含的各个地址定位器和服务进行匹配；复合地址定位器只存储对参与地址定位器和地理编码服务的引用，并不会包含各个定位器的实际地址信息、索引和数据；新建复合地址定位器是选择参与定位的地址定位器的顺序，表示它们在地理编码时被利用的顺序。

地址定位器的更新。地址定位器是和参考数据相关联的，如果参考数据经过编辑，则地址定位器需进行更新。如果不重新更新，对应的地址就不能被正确定位。

利用地址定位器对要素进行地理编码有两种方式：交互地理编码：利用"Find"中的"Addresses"对话框，输入地址信息，然后对地址进行定位；批处理地理编码：利用"Geocode Addresses"命令，对表格中的多个对象同时进行地理编码。

在线地理编码服务。目前已有的在线地理编码服务包括 ESRI 公司 World Geocode Service、北京捷泰科技有限公司 GeoQ 地理编码服务、Google Map API、百度地图 API、上海地理信息公共服务平台用到的天地图 API 等等。

在线中文地理编码服务。由于中文地址的诸多特点，如来源多样、输入不规范、地区差异性、语义多样性等，传统文本检索方式难以满足实际地址匹配需求。地理编码针对地址规则和特点实现匹配模型和算法，能够满足实际需求场景对地址匹配的需求。地图服务提供商一般都会免费提供在线地图服务应用程序接口（application programming interface，API），在线地图服务 API 的主要功能之一就是提供 Geocoding API：地理编码和逆地理编码。因此，可以借助国内地图网站庞大的地理编码数据库解决中文地址的地理编码的问题。以我国百度地图 Web 服务 API 为例，它为开发者提供接口，即开发者通过网络请求形式发起检索请求，获取返回特定格式的检索数据。用户可以基于此开发 JavaScript、C#、Python、Java 等语言的地图应用。要使用百度地图 Geocoding API，需要申请开发者密钥，Geocoding API 利用一个带地址参数的网络请求完成地理编码。值得注意的是，我国出于国家安全考虑，国内所有导航电子地图必须使用国家测绘局制定的加密坐标系统，即将一个真实的经纬度坐标（WGS84 坐标系）通过中国国家测绘局制订的加密算法加密成一个有偏差的经纬度坐标（GCJ-02 坐标系），前者通常被称为地球坐标，后者通常被称为火星坐标。百度坐标在此加密的火星坐标基础上，采取了 BD-0911 二次加密措施，加强了个人隐私和国家安全的保护。

地理编码技术在红色旅游路线设计及分析中的实现。目前列入红色旅游经典名录的 12 处上海红色旅游景点景区包括：上海红色旅游系列景区（中国共产党第一次全国代表大会会址纪念馆、龙华烈士陵园、宋庆龄陵园、陈云纪念馆、中国共产党第二次全国代表大会会址纪念馆、中共四大纪念馆）、上海城市规划展示馆、上海鲁迅纪念馆、浦东陆家嘴金融贸易区、上海世博园、上海淞沪抗战纪念馆，以及上海四行仓库抗战纪念馆。以百度地图 Web 服务 API 为例，基于地址获取上海市的红色旅游景点经纬度信息，可以按照关键词批量查询，也可以按照单个景点名称进行精确查询：

```
import requests
# urls = "https://restapi.amap.com/v3/geocode/geo"
url = "https://restapi.amap.com/v3/place/text"
def get_status(address):
    params = {"key"     : "42323ea1a3f368bf0f7382801cce2f27",
              "keywords":address,
              "output"  :"json",
              "city"    :"上海"}
    result = requests.get(url=url,params=params)
    return result.json()["pois"]
#可以输入多个查询，用"|"分割；也可以对单个旅游景点进行查询
s = get_status("纪念馆|陵园")
with open(r'C:\Users\pxb\Desktop\output.txt','wt') as f:
    for i in range(len(s)):
        print ( '名 称:',s[i]["name"],'地 址:',s[i]["address"],'电话:',s[i]["tel"],'坐标:',s[i]["location"],file=f)
```

发送以上请求后，可以接收到返回的景点经纬度信息。例如查询"中国共产党第一次全国代表大会会址纪念馆"，可得到以下信息：

名称：中国共产党第一次全国代表大会会址纪念馆，地址：兴业路76号，电话：021-53832171，坐标：121.475234, 31.220113

可以进一步利用 ArcGIS 的"Add XY Data"工具将查询到的景点数据加载到 ArcMap 中进行后续分析。

*思政环节

【家国情怀】 通过和国际主流地理信息系统软件相比较，增进学生对国产地理信息系统软件地理编码关键技术及主要过程的了解，激发学生创立"中国方案"的意识；认识我国中文地址的特点及中文地址地理编码的规范，进一步了解我国在实施"科教兴国"战略背景下，国产企业不断进取、自主创新的精神；通过了解发展我国自主可控地理编码服务在维护国家信息安全方面起到的重要作用，增强学生的国家信息安全意识，激发学生为维护国家信息安全积极贡献自己的力量。

【学科素养】 通过对比基于道路的地址定位器和基于地名的地址定位器对于参照数据的不同要求，培养学生科学辨识事物特性的能力。了解目前可提供在线地理编码服务的地图服务提供商，了解利用国内地理编码服务解决中文地址的地理编码的方案，激发学生努力创制中国特色研究的信念。通过实例训练，掌握在本机创建地址定位器以及利用地址定位器进行地址匹配的流程及软件操作，掌握利用在线中文地理编码服务自动获取中文地址的开发流程，培养学生用于尝试的探索精神以及细致严谨的科学工作精神。

(四）网络分析的概念和其在红色旅游线路设计及分析中的应用

网络（network）是一个由点、线二元关系构成的系统，通常用来描述某种资源或物质沿着路径在空间上的运动，如城市的道路系统、地下管线系统以及流域水网。网络分析的目的是研究、筹划一项网络工程如何进行，并使其运行效果最好，例如有限资源的最佳分配、从一地到另一地的运输费用最低等。网络分析功能是GIS空间分析功能的重要组成。

图论（graph theory）是网络分析数据结构和相关方法的理论基础。图（graph）并不是通常意义下的几何图形，而是表示对象与对象之间关系的抽象方法。一个图是由非空节点（node）集合和其中节点偶对形成边（edge）的集合所组成。如果给图的每条边规定一个方向，那么得到的图称为有向图，其边也称为有向边。在有向图中，与一个节点相关联的边有出边和入边之分，而与一个有向边关联的两个点也有起点和终点之分。如果不规定方向，则称为无向图。其中，边（edge）也称为链路（link），对应于图（graph）中的边，在网络中指用于资源和物质流动的管线，如街道、河流、水管等；节点（node）也称为交汇点（junction），对应于图（graph）中的节点，在网络中指边的交互位置点或对象（如阀门、公交站点）所在的位置点。节点（node）有以下几种类型：①障碍（barrier）：禁止物质或资源在网络上流动的点（如关闭的阀门等）；②中心（center）：接受或分配资源的位置（如水库、商业中心等）；③站点（stop）：资源增减的节点（如公交车站等）；④拐点（turn）：用于控制物质或资源在网络上有向流动的点（如道路路网中的某个路口只能直行或只允许左转）。边的阻抗（impedance）也称为链路阻抗，用于衡量穿越一条边（链路）的耗费。量化方法包括：①边的长度（最简单的量化方法，边越长，阻抗越大）；②通过边所花费的时间（在道路网中，经过一段道路的时间越长，阻抗越大）；③通过边所需要的经济成本（花费越高，阻抗越大）；④以上各种因素的综合阻抗。

主要的网络分析功能。①路径分析：设定起点、中间经过的点和终点以后，在网络中找到一条或多条通过这些点并符合一定条件的路径，路径由相连接的多条边组成，如最短路径分析、最优路径分析。②资源分配：分析将资源由分配中心向四周分配，或者由四周向收集中心聚拢的方式，如快递分拣、垃圾回收等。

网络分析功能在红色旅游路线设计及分析中的应用。红色旅游路线可以视为一个由点、线二元关系构成的网络系统。在旅游出行之前，通常需要根据出发点、景点（可以单个也可以多个）以及终点规划距离最短或者时间最短的旅游路线，因此可以采用网络分析中的最佳路径分析规划最优红色旅游路线。

*思政环节

【家国情怀】　通过上述对网络分析的介绍以及网络分析在红色旅游中的应用，认识GIS技术在国家推进新型城镇化和现代化经济体系建设中发挥的重要支撑作用，强化学生利用专业知识服务国家重大需求的信念。

> 【科学精神】 细致严谨的科学精神：比较障碍、中心、站点、拐点几种不同节点的定义和功能，了解利用边的长度、通过边所花费的时间、通过边所需要的经济成本以及综合以上因素来量化边阻抗的不同方法。

（五）网络分析的实现

以 ArcGIS 软件为例介绍网络分析的实现。

ArcGIS 的网络分析在"Network Analyst"扩展模块中，主要有"Network Analyst"工具条和"ArcToolbox"中的"Network Analyst Tools"工具集。

ArcGIS 中支持的网络共分为两类：几何网络（geometric network）和网络数据集（network dataset）。几何网络用于河流网络与公用设施网络，如电力、天然气、下水道和给水线路等只允许沿边单向行进的网络。网络数据集用于街道、人行道和铁路网络等交通网络，这些网络允许在边上双向通行，可以设置转弯信息。本教学案例只介绍网络数据集的相关操作。

ArcGIS 中的网络分析包括新建网络数据集以及网络分析（例如获取最佳路径、获取最近设施点、获取服务范围等）两个主要步骤。本教学案例只介绍最佳路径在红色旅游线路设计和分析中的应用，因此以下内容只介绍网络分析中获取最佳路径功能的实现过程。

新建网络数据集。数据准备：①需要有线要素类（Geodatabase 中的 Feature Class 或者 Shapefile，这里为上海市道路矢量图）（必须）；②线要素类中的图形需要按照网络数据集的要求进行绘制，主要是在节点处（如两条道路的交叉口）必须断开；③线要素类附带的属性表中需要包括网络分析所需要的数据（如每段道路的长度、正常行驶所需要的时间等）；④如果有其他限制（如拐点限制、单行道等），也需要对应的数据。可以通过 Geodatabase 和 Shapefile 新建网络数据集。Geodatabase：在 ArcCatalog 中，将建立网络数据集所需要的基本要素类导入 Geodatabase 的一个 Dataset 中，在 Dataset 上单击右键，选择"New-Network Dataset"。Shapefile：在基本要素类（例如道路线图层）上单击右键，选择"New-Network Dataset"。利用新建网络数据集向导完成操作，主要步骤如下：①输入名称，并选择兼容的版本；②选择参与网络数据集创建的要素类；③设置是否构建转弯模型；④设置连接性（connectivity）；⑤设置高程字段；⑥配置交通流量数据；⑦设置网络的属性；⑧添加出行模式（travel model）；⑨进行方向设置；⑩服务区索引；⑪查看网络数据集的设定，完成创建，并构建（build）数据集。

获取最佳路径。在 ArcMap 中添加已经创建好的网络数据集，添加"Network Analyst"工具条。在"Network Analyst"菜单下选择"New Route"，利用工具条中的"Create Network Location Tool"依次添加旅游路线的起点、中间点（地理编码技术获取的红色旅游景点位置）和终点，利用"Select/Move Network Locations Tool"可以选择和移除已经添加的点。设置好所有点后，点击"Solve"按钮，获得最佳旅游路径。分析的过程中，可以利用"Network Analyst Window"按钮打开"Network Analyst"窗口查看分析结果；同时分析的结果图层也自动添加到 ArcMap 中。点击

"Network Analyst"窗口的"Route Properties"按钮,弹出"Layer Properties"对话框,可利用"Analysis Settings"对话框设置分析条件(如时间最短还是路径最短)。在"Network Analyst"窗口中,可以进行障碍设置。例如,在"Network Analyst"窗口中选中"Point Barriers"中的"Restriction"(禁止),然后利用"Create Network Location Tool"工具添加到已获得路径上,"Solve"后得到新路径。最近路径的分析结果可以导出成为一个新图层存放。方法为在"Network Analyst"窗口中,在需要导出的图层上单击右键,选择"Export Data"。

选取的红色旅游景点不同,以及分析条件不同(如时间最短还是路径最短)会影响红色旅游路线的设计结果。在具体教学过程中,可以通过分组实习操作,完成最佳旅游路线分析。每一小组内可以讨论课前收集了解到的上海红色旅游景点分布和景点历史故事,选择感兴趣的红色旅游景点进行分析。

---

*思政环节

【**家国情怀**】 通过对我国红色旅游景点分布和历史背景的认识,激发学生的爱国主义,以此深入认识社会主义核心价值观。

【**科学精神**】 科学的辩证思维:提醒学生认识到最佳旅游路线并不一定指路径最短,在实际应用中可能还需根据交通流量信息考虑时间成本,以及根据耗费油费(如路线长短和路面情况)、是否收取过路费考虑经济成本,或者综合以上因素进行考虑。

【**团队协作**】 通过分组设计最佳旅游路线,培养学生小组学习、沟通的能力,强化学生的团队协作能力。

第七节 水准测量方法与实践课程思政教学案例

水准测量方法与实践课程思政包括理论教学和实践教学两个部分。理论教学主要帮助学生理解和掌握水准测量的方法原理,如何通过已知点的高程测算和检核待定点的高程,如何进行测站检核,如何完成水准路线测量成果的检核。认识水准路线的类型,理解和掌握高差闭合差的计算、调整和待定点高程的计算。通过实践教学能够实际应用水准测量方法,设计水准路线,完成水准路线施测和内业计算。通过理论和实践相结合,使学生掌握待定点高程的量测方法和水准仪器的操作使用技能。本教学案例采用理论教学与野外实验结合的教学方式。

一、教学目标

(一)专业素养

通过理论和实践教学,掌握水准测量专业知识,包括水准测量原理、待定点高程计算方法、测站检核方法、计算检核方法、水准路线布设类型和水准路线成果检核方法、高差闭合差计算方法。

（二）专业技能

理论结合实践，通过实践教学和野外实验，使学生熟练掌握水准测量路线的布设方法，连续水准测量的施测过程，自动安平水准仪的操作和使用，双面尺的读数方法，水准测量成果的记录和计算方法。最终能够得到符合测量规范要求的水准测量成果。

（三）专业精神

测量工作的主要任务是按照测量规范要求提供达到精度要求的点位空间信息。测量工作对测量结果要求高，1mm 的误差、1 个小数点、1 个符号的错误都可能会对工程建设造成巨大损失，这是绝对不允许的。在教学实践过程中，必须养成认真细致的工作习惯，必须依据测量规范要求做到复测复算，步步检核，必须保持测量工作和成果的严谨性，必须树立和加强测量工作的高度责任感，确保数据的正确性。测量外业工作环境艰苦，通过课程野外实践培养学生吃苦耐劳的工作精神，确保高质量完成测量工作和成果。

（四）家国情怀

水准测量是珠穆朗玛峰（简称珠峰）高程测量的重要手段。结合我国 2020 年珠峰高程测量，让学生理解测量工作对于我们国家的重要性。测量队员用脚步传递高程，用汗水和生命丈量祖国大地，他们在艰苦恶劣环境下，勇于向艰苦挑战，为国家苦行，为科学先行，穿山跨海，经天纬地，是我们学习的榜样。自然资源部第一大地测量队（国测一大队）2020 年 5 月第 7 次测量珠峰高程，这是最新一次测定珠峰高程，这次测量也向世界展示了我国测绘科技的巨大成就。

（五）团队协作

测量工作大多是集体作业，通过水准测量野外实验，培养学生团结协作的集体主义精神，测量小组各个学生需要默契配合才能准确测量，通过测量员、记录员、立尺员通力协作完成水准测量实验，在实验中培养团队协作精神。

---

*思政环节

【家国情怀】 珠峰高程测量是一项代表国家测绘科技发展水平的综合性测绘工程。新中国成立以来，我国珠峰高程测量经历了从传统大地测量技术到综合现代大地测量技术的转变。每次测量都体现了我国测绘技术的不断进步，彰显了我国测绘技术的最高水平。水准测量是我国珠峰高程测量中用到的重要的测量技术方法之一。

通过珠峰高程测量的实例，让学生认识到测量工作对国家科技和建设的重要性。同时，珠峰高程测量是强化国家版图意识、宣示我国主权的一项重要政治活动。珠峰高程数据作为国家重要地理信息，由国家正式公布并公开采用，对于体现国家综合国力和测绘科技水平、促进地球科学研究都有重要的作用。

精确测定珠峰高程的活动意义重大，影响深远。

【专业素养】

珠峰地区气候复杂多变，一些地方常年积雪不化，冰川、冰坡、冰塔林到处可见。在这样的艰苦恶劣环境下，还要获得精准的高程，这无疑是一项极具挑战性、极其复杂、极具难度的工作。

重测珠峰"身高"，有何意义呢？

第一，珠峰高程的精确测定，可以结束国际上珠峰高程不统一的混乱局面。第二，珠峰高程测定及邻近区域地壳形变研究，将用于研究印度洋板块与亚欧板块的相互作用，对今后地震预报和减灾防灾也具有重要的实际意义。第三，2020年正值中国和尼泊尔建交65周年，也是人类首次从北坡成功登顶珠峰60周年，中国首次精确测定并公布珠峰高程45周年，此次珠峰高程测量具有重要历史意义。第四，此次登顶实现了我国专业测绘人员首次登顶珠峰测高，测量数据更可靠、更具说服力。第五，珠峰高程精确和持续测量，会使科学家更精准了解地壳运动规律，认识地球的演化。通过珠峰测量，可以极大提高我国测绘技术和测绘仪器设备的制造水平。

【专业精神】

2020珠峰高程测量登山队于5月27日成功登顶测量。这一成功背后，凝结着新时达测绘、登山工作者的心血和汗水，彰显了不同凡响的精神价值。

面对高寒缺氧等恶劣自然环境，登顶测量日期一推再推，但测量登山队员从未放弃，顽强拼搏，他们的信心和底气体现了百折不挠的奋斗精神。

不同时期以不同方式测量珠峰，以及对珠峰高程的多次测量，反映了人类对自然的求知探索精神，也表达了人类对蓝色星球的礼赞。

【团队协作】

珠峰高程的成功测定离不开队员们的互相鼓励、团结一致、攻关克难的精神守望，面对险恶的环境，队员们互帮互助，共渡难关。这种克难前进，不怕艰险的精神，值得我们学习和传承。

二、基本介绍

60年前，中国人首次从北坡登顶珠峰。45年前，中国人首次将战标带至峰顶，测得高度8848.13m。2005年，中国人再测珠峰，其岩面高度为8844.43m。2020年5月27日，中国人又一次登上世界海拔最高的珠峰顶。8848.86m——2020年12月8日，习近平主席和尼泊尔总统班达里互致信函，共同宣布珠峰最新高程。"地球之巅"高度最新出炉。

珠峰地区海拔高、极寒缺氧，又是全球地壳运动最剧烈的地区之一，地质环境复杂，要获得精准的珠峰高程是一项极具挑战性、极其复杂、极具难度的综合性工作。珠峰高程测量的核心是精确测定其高度。为测量珠峰高程共测量了780km水准测量数据。那么什么是水准测量，水准测量方法的原理，具体的施测过程是什么？如何得到精确的高程数据？是水准测量方法与实践课程中要给学生重点讲解和实践的内容。

水准测量方法包括水准测量的外业实施和水准测量的内业计算。水准测量的外业实施除了理论讲解外，还需要学生在野外动手操作仪器，实践方法，完成水准测量实验。

（一）水准测量的外业实施

水准测量的外业实施需要理论授课的部分包括外业施测中涉及的重要概念：测站、水准路线、后视、前视、视线高程、视距、水准点、水准点高程、转折点，连续水准测量原理和施测过程，水准测量手簿记录方法，测站检核方法。野外实验为利用双面尺法完成四等水准测量。

（二）水准测量的内业计算

水准测量的内业计算理论讲授部分包括：水准测量计算检核方法、成果检核方法、水准路线的布设形式、水准路线检核的主要内容和测量规范要求、高差闭合差的定义和计算方法、附合水准路线的内业计算方法和步骤、闭合水准路线的成果计算方法和步骤、支水准路线成果计算。

三、案例核心部分

（一）高程测量概述

高程测量：测定地面点高程的工作。

高程测量的方法：水准测量（leveling/spirit leveling），即用水准仪进行高程测量的工作，是高程测量的主要方法。

使用仪器：水准仪。水准仪的主要功能是能指出一条水平视线。

其他高程测量方法：三角高程测量、电子全站仪、全站仪高程导线测量。

（二）珠峰高程的测定

1）珠峰的最新高程是多少？

2020年12月8日，习近平主席和尼泊尔总统班达里互致信函，共同宣布珠峰最新高程：8848.86m。

2）珠峰高程是如何测定的？

珠峰高程测量的核心是精确测定珠峰的高度。水准测量是我国珠峰高程测量中用到的重要量测技术方法之一。为测量珠峰高程此次珠峰高程测定共量测780km水准测量数据。

3）量测珠峰高程有何意义？

测量工作是一项对国家科技和建设都非常重要的工作。珠峰高程测量是强化国家版图意识、宣示我国主权的一项重要政治活动。珠峰高程数据作为国家重要地理信息，由国家正式公布并公开采用，对于体现国家综合国力和测绘科技水平、促进地球科学研究都有重要的作用。精确测定珠峰高程可以结束国际上珠峰高程不统一的混乱局面。测定珠峰高程及邻近区域地壳形变研究，对今后地震预报和减灾防灾也具有重要的实际意义。珠峰高程精确和持续测量，可以使科学家更精准了解地壳运动规律，认识地球的演化。

结合 2020 年我国进行的珠峰高程测定重要工程，让学生认识到高程测量的重要性，理解高程测量有何作用。融合思政环节，树立家国情怀，建立专业素养，培养专业精神，认识团队协作的重要性。

> ***思政环节**
>
> **【家国情怀】** 珠峰高程测量是一项代表国家测绘科技发展水平的综合性测绘工程。新中国成立以来，我国珠峰高程测量经历了从传统大地测量技术到综合现代大地测量技术的转变。每次珠峰测量，都体现了我国测绘技术的不断进步，彰显了我国测绘技术的最高水平。水准测量是我国珠峰高程测量中用到的重要量测技术方法之一。
>
> 通过珠峰高程测量的实例，让学生认识到测量工作对我们国家科技和建设的重要性。同时，珠峰高程测量是强化国家版图意识、宣示我国主权的一项重要政治活动。珠峰高程数据作为国家重要地理信息，由国家正式公布并公开采用，对于体现国家综合国力和测绘科技水平、促进地球科学研究都有重要的作用。
>
> 精确测定珠峰高程的活动意义重大，影响深远。
>
> **【专业素养】** 珠峰地区气候复杂多变，一些地方常年积雪不化，冰川、冰坡、冰塔林到处可见。在这样的艰苦恶劣环境下，还要获得精准的珠峰高程，这无疑是一项极具挑战性、极其复杂、极具难度的工作。
>
> **【专业精神】** 2020 珠峰高程测量登山队于 5 月 27 日成功登顶测量。这一成功背后，凝结着新时达测绘、登山工作者的心血和汗水，彰显了不同凡响的精神价值。面对高寒缺氧等恶劣自然环境，登顶测量日期一推再推，但测量登山队员从未放弃，顽强拼搏，他们的信心和底气体现了百折不挠的奋斗精神。不同时期以不同方式测量珠峰，以及对珠峰高程的多次测量，反映了人类对自然的求知探索精神，也表达了人类对蓝色星球的礼赞。
>
> **【团队协作】**
> 珠峰高程的成功测定离不开队员们的互相鼓励、团结一致、攻关克难的精神守望，面对险恶的环境，队员们互帮互助，共渡难关。这种克难前进，不怕艰险的精神，值得我们学习和传承。

（三）水准测量的外业实施

1. 重要概念

（1）测站：测量仪器所安置的地点。

（2）水准路线：进行水准测量时所行走的路线。

（3）后视：水准路线的后视方向。

（4）前视：水准路线的前视方向。

（5）视线高程：后视高程+后视读数。

（6）视距：水准仪至标尺的水平距离。

（7）水准点（bench mark）：水准测量的固定标志。

（8）水准点高程：指标志点顶面的高程。

（9）转折点（turning point）：水准测量中起传递高程作用的中间点。

2. 连续水准测量

当两点相距较远或高差较大时，需连续安置水准仪测定相邻各点间的高差，最后取各个高差的代数和，可得到起终两点间的高差。

A、B 两水准点之间，设 3 个临时性的转点，如图 5-17 所示。测量结果记录在水准测量手簿中，如表 5-3 所示。

$h_1 = a_1 - b_1$

$h_2 = a_2 - b_2$

$h_3 = a_3 - b_3$

$h_4 = a_4 - b_4$

$h_{AB} = h_1 + h_2 + h_3 + h_4$

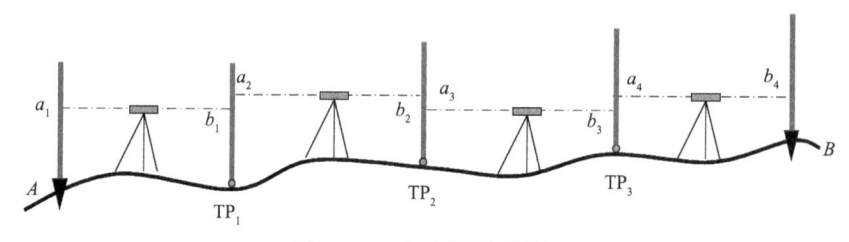

图 5-17 水准测量手簿

表 5-3 水准测量手簿

测站	点号	水准尺读数 后视(a)	水准尺读数 前视(b)	高差/m	高程/m	备注
Ⅰ	A	2.142		+0.884	123.446	已知
	TP$_1$		1.258			
Ⅱ	TP$_1$	0.928		−0.307		
	TP$_2$		1.235			
Ⅲ	TP$_2$	1.664		+0.233		
	TP$_3$		1.431			
Ⅳ	TP$_3$	1.672		−0.402	123.854	
	B		2.074			
计算检核	Σ	6.406	5.998	0.408	0.408	
		$\Sigma a - \Sigma b = 0.408$				

3. 测站检核

目的：保证前后视读数的正确。
方法：变动仪器高法、双面尺法。

1）变动仪器高法

在同一测站上变动仪器高（10cm 左右），两次测出高差；等外水准测量其差值 $|\Delta h| \leq 6\text{mm}$，取其平均值作为最后结果。

2）双面尺法

采用黑红面的水准尺，利用双面的零点差检核观测质量。红黑面读数差 $\leq \pm 3\text{mm}$；$h_{黑} - h_{红} \leq \pm 5\text{mm}$。

（四）水准测量的内业计算

1）计算检核

目的：检核计算高差和高程计算是否正确。检核条件为

$$\sum a - \sum b = \sum h = H_B - H_A$$

2）成果检核

（1）水准测量时，一般将已知水准点和待测水准点组成一条水准路线；

（2）在水准测量的施测过程中，测站检核只能检核一个测站上是否存在错误或误差是否超限；

（3）计算检核只能发现每页计算是否有误；对一条水准路线来讲必须进行成果检核。

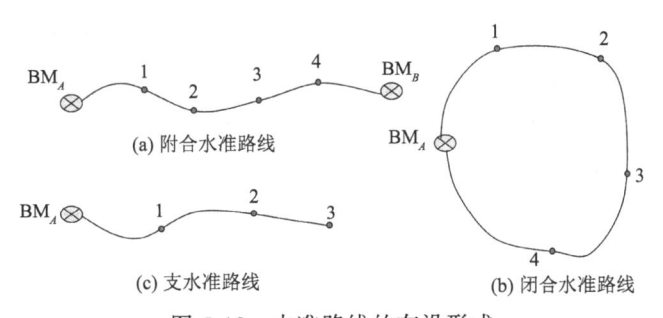

3）水准路线的布设形式

水准路线的布设形式如图 5-18 所示。

图 5-18 水准路线的布设形式

4）成果检核的主要内容

闭合差：观测值与理论值的差值。高差闭合差就是高差的观测值与理论值之差；用 f_h 表示，即 $f_h = \sum h_{测} - \sum h_{理}$。

限差：高差闭合差的允许值用 $f_{h允}$ 表示。

等外水准测量要求：

平地：$f_{h允} \leq 40\sqrt{L}$（mm）

山地：$f_{h允} \leq 12\sqrt{n}$（mm）

其中，L 为水准路线的长度（km）；n 为水准路线的测站数。要求 $f_h \leq f_{h允}$。

5）附合水准路线的内业计算

---

*思政环节

【专业素养】 测量工作对测量结果要求高，一个很小的错误都可能会对工程建设造成巨大损失，而这是绝对不允许的。测量专业人员必须养成认真细致的工作习惯，必须保证测量工作和成果的严谨性，必须树立和加强测量工作的高度责任感，确保数据的正确性。

A、B 为已知水准点，H_A=65.376m，H_B=68.623m。点 1、2、3 为待测水准点，各测段高差、测站数、距离如图 5-19 和表 5-4 所示。

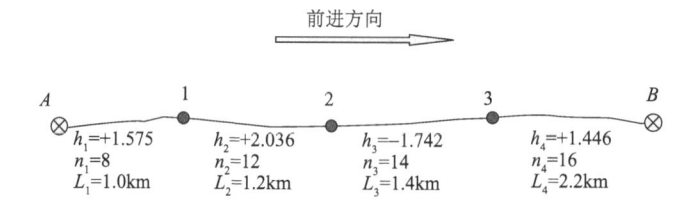

图 5-19 附合水准路线内业计算

表 5-4 附合水准测量成果计算表

测段	点名	距离/km	测站数	实测高差/m	改正数/m	改正后的高差/m	高程/m	备注
1	2	3	4	5	6	7	8	9
1	A	1.0	8	+1.575	−0.012	+1.563	65.376	已知
	1						66.939	
2		1.2	12	+2.036	−0.014	+2.022		
	2						68.961	
3		1.4	14	−1.742	−0.016	−1.758		
	3						67.203	
4		2.2	16	+1.446	−0.026	+1.420		
	B						68.623	
Σ		5.8	50	+3.315	−0.068	+3.247		已知
辅助计算	f_h = +68mm $f_{h允}$ = ±40$\sqrt{5.8}$mm = ±96mm				L=5.8km		$\dfrac{-f_h}{L}$ = −12mm	

6）闭合水准路线成果计算

（1）计算闭合差：

$$f_h = \sum h_{测}$$

（2）检核：
$$f_h \leqslant f_{h允}$$

（3）计算高差改正数：
$$v_i = {-f_h}\Big/{\sum l} \times l_i$$

$$v_i = {-f_h}\Big/{\sum n} \times n_i$$

（4）计算改正后高差：
$$h_{i改} = h_i + v_i$$

（5）计算各测点高程：
$$H_i = H_{i-1} + h_{i改}$$

7）支水准路线成果计算
（1）计算闭合差：
$$f_h = h_{往} + h_{返}$$

（2）检核：
$$f_h \leqslant f_{h允}$$

（3）计算高差：取往、返测绝对值的平均值，其符号与往测相同。
（4）计算高程。

---

*思政环节

【**科学素养**】 测量工作对所得结果都是具有一定精度的精确结果，这需要在实施测量和测量成果计算阶段，形成冗余观测和检核条件，确保结果的准确性和精准度。通过水准测量成果计算过程中的计算检核、测站检核和成果检核，学生可以思考和掌握测量计算工作中检核的科学计算过程和科学计算思路，培养科学精神和科学素养，养成一丝不苟、严谨计算的科学精神。做到复测复算，步步检核，保证测量工作和成果的严谨性，树立高度责任感。

【**专业实践**】 测量学是一门实践性很强的课程，除了课堂讲授外，还要进行野外实验。在掌握课堂讲授内容的同时，需要认真实践，把课堂所学应用于实际，巩固和验证所学理论。通过理论教学和实验教学使学生对水准测量方法形成一个完整的、系统的认识。

四、野外实验 四等水准测量（双面尺法）

（一）目的和要求

（1）掌握用双面水准尺进行四等水准测量的观测、记录和计算方法。

（2）熟悉四等水准测量的主要技术指标，掌握测站和线路的检核方法。

（二）计划和设备

（1）实验时数安排为2学时。实验小组由4人组成，1人操作仪器，1人记录，1人立前尺，1人立后尺。

（2）每组的实验设备为自动安平水准仪（NA730）1台、黑红水准尺2支、尺垫2个。自行打印附录中的水准测量记录表，自行携带计算器、铅笔。

（3）每个小组成员，轮流安置仪器、记录、立尺、打伞。

（三）方法和步骤

掌握四等水准测量的方法：双面尺法四等水准测量是在小地区布设高程控制网的常用方法，是在每个测站上安置一次水准仪，分别在水准尺的黑、红两面刻画上读数，计算测得两次高差，进行测站检核。

1. 四等水准测量的实验

1）选定闭合水准路线

从实验场地的某一水准点出发（假定起始点的高程为0m），设计选定一条闭合水准路线。路线长度为400～800m，设置至少10个测站（一人测1或2个测站），视线长度约为20m左右。转点可以选择有凸出点的固定地物或安放尺垫。

2）观测

安置水准仪的测站至前、后视立尺点的距离，应该用步测使其相等。在每一测站，按下列顺序进行观测：

后视水准尺黑色面，读上、下丝读数①、②，读中丝读数③；

前视水准尺黑色面，读上、下丝读数④、⑤，读中丝读数⑥；

前视水准尺红色面，读中丝读数⑦；

后视水准尺红色面，读中丝读数⑧；

四等水准测量每站的观测次序为后—前—前—后，这样的观测顺序主要是为了消除水准仪和水准尺下沉产生的误差。

3）记录

记录者在附录表"四等水准测量记录"中按表头标明次序①～⑧，记录各个读数后，进行测站的计算、检核与限差。

（1）视距计算：

后视距离⑨=100×（①-②）

前视距离⑩=100×（④-⑤）

前、后视距之差⑪=⑨-⑩（四等水准测量，不得超过±5m）

前、后视距累积差，本站⑫=前站⑫+本站⑪（四等水准测量，不得超过±10m）

同一水准尺黑、红面读数差：

前尺⑬=⑥+K_1-⑦，（K=4687或4787交替变化）

后尺⑭=③+K_2-⑧（四等水准测量，不得超过±3mm）

（2）高差计算：

$$黑面高差⑮=③-⑥$$

$$红面高差⑯=⑧-⑦$$

$$检核计算⑰=⑮-⑯±0.1=⑭-⑬（四等水准测量，不得超过±5mm）$$

$$平均高差⑱=（⑮+⑯±0.1）×0.5$$

平均高差计算时，以黑色面高差为准，红色面高差需要±0.1才是真实高差。若发现本测站某项限差超限，应立即重测本测站。
四等水准测量的技术限差规定如表5-5所示。

表5-5 四等水准测量的技术限差规定

视线高度/m	视距长度/m	前、后视距差/m	前、后视距累积差/m	红、黑面读数差/mm	红、黑面高差之差/mm
>0.2	≤80	≤5	≤10	≤3	≤5

每站读取结束（①-⑧），随即进行各项计算（⑨-⑯），并按上表进行各项检验，满足限差要求后，才能搬站。

4）计算成果

依次设站，用相同的方法进行观测，直至线路终点，计算线路的高差闭合差。按四等水准测量的规定，线路高差闭合差的容许值为 $±20\sqrt{L}$ mm，L 为线路总长（单位：km）。

总检核计算：

$$\sum⑨-\sum⑩$$

$$0.5×（\sum⑮+\sum⑯±0.1）=\sum⑱$$

在每测站检核的基础上，应进行每页计算的检核：

$$\sum⑮=\sum③-\sum⑥$$

$$\sum⑯=\sum⑧-\sum⑦$$

$$\sum⑨-\sum⑩=本页末站⑫-前页末站⑫$$

测站为偶数站时：$\sum⑱=（\sum⑮+\sum⑯）×0.5$

测站为奇数站时：$\sum⑱=（\sum⑮+\sum⑯±0.1）×0.5$

(四) 注意事项

(1) 四等水准测量比工程水准测量有更严格的技术规定，要求达到更高的精度，其关键在于：前、后视距要相等（在限差以内）；从后视转为前视（或相反），望远镜不能重新调焦；水准尺应完全竖直，最好用附有圆水准器的水准尺。

（2）每站观测结束，应立即进行计算和进行规定的检核，若有超限，则应重测该站。全线路观测完毕，线路高差闭合差在容许范围以内，方可收测，结束实验。

（3）实验结束后，各组应上交经过各项检核计算后的"四等水准测量记录"高程计算表和习题。

（五）习题与讨论

1. 水准测量为什么要让前后视距尽量相等？（5分）
2. 为什么要用红黑尺双面读数？（5分）
3. 设闭合水准路线起点为 A，请补充计算完成下表（15分）。

四等水准测量记录表

测站编号	视准点	后尺 上丝／下丝 后视距/m 视距差/m	前尺 上丝／下丝 前视距/m 累积视距差/m	方向及尺号	水准尺读数 黑色面	水准尺读数 红色面	黑+K−红/mm	平均高差/m
1	A	2720 / 2300	1187 / 0747	后 / 前 / 后−前	2510 / 0967	7198 / 5754		
	Z_1							
2	Z_1	1700 / 1420	1510 / 1250	后 / 前 / 后−前	1560 / 1380	6350 / 6068		
	B							
3	B	1550 / 1150	2320 / 1904	后 / 前 / 后−前	1350 / 2112	6036 / 6900		
	Z_2							
4	Z_2	1128 / 0728	2094 / 1694	后 / 前 / 后−前	0928 / 1894	5716 / 6580		
	A							
计算检核				黑面：∑(后−前) =　　m 红面：∑(后−前) =　　m 平均高差之和：∑(平均高差) =　　m				

注：平均高差计算时，以黑色面高差为准，红色面高差需要±100才是真实高差，常数 K 为 4687—4787—4687—4787 交替变化。

4. 在第 3 题的基础上完成下表，设 A 点高程为 0m（10 分）。

测站	测点	实测高差/m	高差改正数/mm	改正后高差/m	高程/m
Ⅰ	A Z_1				
Ⅱ	Z_1 B				
Ⅲ	B Z_2				
Ⅳ	Z_2 A				
	Σ				
辅助计算	$f_h=$ $f_{h容}=$				

附表 1：四等水准测量记录表

日期_年___月___日　　时间_____观测者_____
仪器号码_____天气_____记录者_____

测站编号	视准点	后尺 上丝 后尺 下丝 后视距/m 视距差/m	前尺 上丝 前尺 下丝 前视距/m 累积视距差/m	方向及尺号	水准尺读数 黑色面	水准尺读数 红色面	黑+K-红 /mm	平均高差 /m
	A	①	④	后	③	⑧	⑭	
		②	⑤	前	⑥	⑦	⑬	⑱
	Z_1	⑨	⑩	后-前	⑮	⑯	⑰	
		⑪	⑫					
				后				
				前				
				后-前				
				后				
				前				
				后-前				
				后				
				前				
				后-前				

续表

测站编号	视准点	后尺 上丝 / 下丝 / 后视距/m / 视距差/m	前尺 上丝 / 下丝 / 前视距/m / 累积视距差/m	方向及尺号	水准尺读数 黑色面	水准尺读数 红色面	黑+K-红 /mm	平均高差 /m
				后				
				前				
				后-前				
				后				
				前				
				后-前				
计算检核			黑面：∑（后-前）= 红面：∑（后-前）= 平均高差之和：∑（平均高差）=					

附表2：内业高程计算表

班级：_____ 小组：_____ 姓名：_____

注：中转点可以用 Z 标记，如 $Z_1, Z_2, \cdots$，假定已知点的高程=0m。

测站	测点	实测高差/m	高差改正数/mm	改正后高差/m	高程/m
1					
2					
3					
4					
5					
6					
7					
8					
9					
10					
11					
辅助计算	∑				

参 考 文 献

陈涛，张芳华，于超，等. 2020. 2020年6—7月长江中下游极端梅雨天气特征分析. 气象，46（11）：1415-1426.

江燕如，王丽娟，钱代丽，等. 2016. 典型天气过程分析. 北京：气象出版社.

刘芸芸，丁一汇. 2020. 2020年超强梅雨特征及其成因分析. 气象，46（11）：1393-1404.

潘懋，李铁锋. 2012. 灾害地质学. 2版. 北京：北京大学出版社.

许烨霜. 2010. 考虑地下构筑物对地下水渗流阻挡效应的地面沉降性状研究. 上海：上海交通大学博士学位论文.

张芳华，陈涛，张芳，等. 2020. 2020年6—7月长江中下游地区梅汛期强降水的极端性特征. 气象，46（11）：1405-1414.

赵思雄，陶祖钰，孙建华，等. 2004. 长江流域梅雨锋暴雨机理的分析研究. 北京：气象出版社.

朱乾根，林锦瑞，寿绍文，等. 2007. 天气学原理与方法. 北京：气象出版社.

Wu H, Xu Y, Shen S, et al. 2011. Long-term settlement behavior of ground around shield tunnel due to leakage of water in soft deposit of Shanghai. Frontiers of Architecture and Civil Engineering in China, 5, (2), 194-198.

附录一　面向课程思政的地理学人才培养方案示例

地理学科人才（拔尖）培养方案
（Outstanding student training project）

一、指导思想

（一）地理学科是经世致用的学科，具有很强的综合性，与其他学科交叉性强，这决定了地理科学在解决人类社会面临的资源环境问题等方面，具有其他学科无法比拟的理论和方法优势。着眼新时代地理学科发展趋势，以及国家战略对地理科学的需求，地理科学类专业愈加重视研究全球重大问题，并结合社会发展动态变化规律，强调多学科交叉融通与新技术应用。新形势下，掌握探索宏观格局微观驱动的能力已成为培养新一代地理学科后备拔尖创新领军人才的迫切需求。为了适应这一新形势，本培养方案制订的方针是：

（1）实现中华民族伟大复兴的理想信念与科学探索勇气、创新能力的统一；

（2）实现科学发现的创造性思维与严密的工程思维的统一；

（3）强调地理学科专业知识与实践技能的贯通，优先强化现代人工智能数据分析技术、地理计算与综合模拟的能力；

（4）强化学科思维养成，特别是形象思维、逻辑思维、批判思维、创造性思维与格局思维的融合；

（5）强化个性发展与团队协调能力的统一。

（二）继承传统，发挥优势，创立特色，完善地理学科拔尖人才培养体系。

围绕自然地理、人文地理、地理信息科学三个二级学科的高水平研究型师资队伍与教学资源库，综合集成，组建专业课程群。

（1）以学期重组与课堂教学模式重构结合综合性野外实践教学基地，构建以混合式教学、虚拟仿真技术支撑的专业理论课体系与综合-交叉性野外实践教学体系；

（2）立足华东师范大学"三驾马车"（自然地理学-人文地理学-地理信息科学），围绕城市形成的高水平研究平台，推进国内外导师协同合作的科创训练体系。

（3）面向国际学科发展趋势与国家发展的重大需求培养高素质国际化人才。依托"111引智基地"与高水平海外专家队伍，建设专业全英语课程体系；依托广泛的国际合作基础建设海外实践基地与海外科研训练基地。

二、培养目标

立足党的教育方针，面向国家战略需求和全球变化背景下的城市的资源开发、生态重塑、智慧管理、可持续发展等前沿挑战，培养适应我国基础地理科学发展需求，德智体美劳全面发展，具有远大的科学理想和爱国情怀，具有良好的思维素养，具备不畏艰险探索地理学前沿问题的勇气，具备构建城市-自然-社会综合模拟体系的地理计算与模拟能力，具备设计和实施地理前沿问题研究的野外实践与创新研究能力，具备独立参与国际学术交流的能力和领导研究团队开展协同研究的能力，能勇攀地理学科巅峰的地理学优秀未来青年科学家。

根据地理科学类专业培养目标的人才定位，对本专业毕业生5年左右的职业发展规划预期如下：

（1）践行社会主义核心价值观，具有宽厚的人文科学素养、高度的爱国情怀、坚定的科学理想。

（2）扎实掌握的地理科学类专业思想体系和前沿探究方法，熟练综合运用自然地理学-人文地理学-地理信息科学集成技术开展城市的资源开发、生态重塑、智慧管理、可持续发展等前沿的理论和实践问题，形成自身的研究特色，能承担国家重点研发课题以上水平科研任务。

（3）了解国情和新时代国家城市化发展中的重大问题，能运用地理学综合研究技能提供中国特色解决方案。

（4）具有很强的国际学术交流能力，能担任学科国际期刊的编辑或特约编辑，能参与学科国际重大科学报告的撰写与国家学科组织的管理工作。

（5）多数完成国际顶级高校的博士后研究，优秀学生的科研能力达到国家自然科学基金委员会"海外优青"水准。

三、毕业要求

地理学卓越拔尖人才培养毕业要求达成度指标如附表1-1所示。

附表1-1 地理学卓越拔尖人才培养毕业要求达成度指标

Ⅰ级指标	Ⅱ级指标及其内涵
家国情怀	国家认同：以地理学专业知识为基础，能从全球尺度认识国情，能从时空演变的角度认识"四史"，认同新时代中国特色社会主义的价值观，从专业角度自觉维护国家主权
	国土认知：以地理科学类专业的特色，形成对国土空间中自然环境与人文社会结构时空耦合格局的深刻的认识，能够以地理"四维-三层次"体系认识我国的生态文明格局与演变，能在学习、研究工作中体现对国情特色的理解
	文化传承：认同和掌握中国文化传统中与地理学专业内涵相关的内容
	理想信念：能从地理学专业角度深入认识"一带一路"倡议、"生态文明建设"和"脱贫攻坚"等党和国家的重大决策，树立以扎实的专业学识和专业技能服务中华民族伟大复兴中国梦的理想信念
	法治意识：具有宪法法治意识，能辨识专业知识领域的法治环节
学科素养	科学求真：掌握形式逻辑、辩证逻辑、批判思维，具备在地理学实践、研究中的求真、求美的品质，形成严谨的科学素养
	勇于探索：掌握创造性思维，具备冲击学科前沿，服务国家重大需求，攀登学科高峰的勇气与毅力
	地学思辨：具备辩证唯物主义与历史唯物主义的科学观和科学人地协调观，具备地学格局思维、尺度思维、综合性思维
	野外精神：具备在室内外，特别是野外艰苦环境中吃苦耐劳、严谨认真、一丝不苟的地学野外精神

续表

Ⅰ级指标	Ⅱ级指标及其内涵
知识整合	专业理论：掌握地理科学的基本研究思想和研究方法，具有较扎实的自然地理、人文地理和地理信息技术等方面的基础理论和基本知识，具备综合运用地理学科专业知识的能力
	文理融通：理解地理学是一门兼具自然科学和人文科学性质的综合性学科，并逐渐融入现代信息技术的要素
	实践能力：具备地理学室内外从基础到综合的传统地理实践技能，具备以计算地理学为基础的智能地理信息处理、过程模拟的能力
	创造能力：具备创造性发现的能力，能依托地理学科"人地协调观、综合思维、区域认知、地理实践力"等素养开展地理学前沿探索
思维养成	科学认知思维：具备以整体性与差异性认识地理事物的素养，在形象思维和逻辑思维支撑下具备地理认知随空间尺度变化而转换的思维习惯，具备批判性思维、创造性思维和格局思维
	地球系统思维：具备以地球系统复杂反馈理念认识地球表层多圈层耦合及认识地学现象的能力
	交叉学科思维：具备通过借鉴数学、物理、化学、历史等学科的前沿理论与方法，依托形象思维、逻辑思维和创造性思维，解决地理学科难点、堵点的能力
职业素养	献身精神：理解相关科学研究的意义和内涵，具有坚定的科学研究意愿、职业信念、正确的人生观和价值观
	终身学习：具有深厚的人文底蕴和科学素养，人生态度积极向上，具备为了国家重大需求持续探索未知领域的意识
	科学诚信：具备严谨的科研作风，严守科研道德
团队协作	领袖气质：具备积极性和主动性参与组织团队协同攻关的能力，具备优秀的统筹、协调能力
	奉献精神：具备为了团队整体目标实现敢于牺牲自身利益、勇挑重担的奉献精神
反思能力	学业反思：培养具备在专业理论学习、实践训练、科创实践后对设计、操作、汇总过程持续反思、总结的习惯
	自我反思：具备理性地认识自己和自己的行为，持续检讨自身不足，自己改正过失的能力
国际化力	国际视野：能在全球视野下认识我国自然与人文地理空间结构的特殊性、复杂性
	交流能力：了解国际学术前沿，与国际学术权威顺畅交流，能顺畅参与国际组织的国际研究计划，能独立参与国际学术交流

四、毕业要求与培养目标关系矩阵

本专业毕业要求对培养目标的支撑情况如附表 1-2 所示。

附表 1-2　本专业毕业要求对培养目标的支撑情况

毕业要求	培养目标 1	培养目标 2	培养目标 3	培养目标 4	培养目标 5
毕业要求 1	√				
毕业要求 2	√	√	√		√
毕业要求 3		√	√		
毕业要求 4			√	√	
毕业要求 5	√	√			

毕业要求	培养目标1	培养目标2	培养目标3	培养目标4	培养目标5
毕业要求6	√				√
毕业要求7		√		√	
毕业要求8	√			√	

五、课程结构比例

（1）总学分：149学分。
（2）公共必修课程37学分，占24.8%。
（3）通识教育课程8学分，占5.4%。
（4）学科基础课程18学分，占12.1%。
（5）专业教育课程86学分，占57.7%。
  *注：学科基础课程和专业教育课程中，实践59学分，占39.6%。（具体包括：实验5学分；实习49学分；上机5学分。）
（6）课程修读的要求，如：①完成培养方案计划表规定的学分课程要求，方能毕业。②学制为四年。达到学士学位授予条件者，可以获得理学学位。

六、专业核心课程

高等数学（A）、线性代数、数理统计与大数据分析、变分原理、大学物理（含实验）、Python与人工智能算法、地球系统科学、人文地理学、地图学、地理信息系统理论与应用、气象气候与全球变化、计量地理与地理大数据分析、地理学思想与地理学导论（英文）、现代自然地理学（英文）、经济地理学（英文）、虚拟地理学（英文）、环境遥感与数据同化（英文）、空间统计与空间建模（英文）、部门地理学野外基础训练与综合集成实习、人-地关系综合地理实习、跨区域综合地理实习、海外综合地理实习、科创实践课程、海外研修科创训练。

七、培养计划

培养计划如附表1-3、附图1-1所示。

附表1-3 培养计划表

类别	课程编号	课程名称	学分	各学期课时暑期短学期											总学时		
				1	2	3	4	5	6	7	8	9	10	11	讲课	实验	合计
公共必修课		英语类	10														
		计算机类	5														
		思政类	16														

续表

类别	课程编号	课程名称	学分	各学期课时暑期短学期											总学时		
				1	2	3	4	5	6	7	8	9	10	11	讲课	实验	合计
公共必修课		体育类	4														
		军事理论	2														
		学分要求	37														
通识教育课程	拔尖班通识课程	人类文明智慧课程	量子史话	2												36		
			道德经	2												36		
			共产党宣言	2												36		
			几何原本	2												36		
		学分要求	8														
学科基础课程	学科基础课	高等数学A（一）	2	√											36		36
		高等数学A（二）	2		√										36		36
		线性代数	2				√								36		36
		数理统计与大数据分析	3					√							36		36
		变分原理						√									
		大学物理（含实验）	2		√										36		36
		Python与人工智能算法	3	√											36	18	54
		学分要求	18														
专业教育课程	专业核心课程	地球系统科学	3	√	√										36	18	54
		人文地理学	3	√											36	18	54
		地图学	3	√											36	18	54
		气象气候与全球变化	3				√								36	18	54
		计量地理与地理大数据	3						√						36	18	54
		地理信息系统理论与应用	3		√										36	18	54
		地理学思想与地理学导论（英文）	2			√									36		36
		现代自然地理学（英文）	2			√									36		36
		经济地理学（英文）	2			√									36		36
		虚拟地理学（英文）	2			√									36		36
		环境遥感与数据同化（英文）	2						√						36		36

续表

类别	课程编号	课程名称	学分	1	2	3	4	5	6	7	8	9	10	11	讲课	实验	合计
专业核心课程		空间统计与空间建模（英文）	2						√						36		36
		部门地理学野外基础训练与综合集成实习	4		√											144	144
		人-地关系综合地理实习	4			√										144	144
		跨区域综合地理实习	4						√							144	144
		海外综合地理实习	4							√						144	144
		科创实践课程	10					√	√	√	√					360	360
		海外研修科创训练	10									√	√	√		360	360
		学分要求	66														
专业教育课程			专业选修课程包括导师指定选修课程，在第4~8学期选读														
	城市专题六选二	城市地理学	2												27	9	36
		城市规划学	2												27	9	36
		城市气候学	2												27	9	36
		城市水文学	2												27	9	36
		城市环境过程	2												27	9	36
		城市生态学	2												27	9	36
专业选修	人文地理学六选一课程	中国地理	2												27	9	36
		世界地理	2												27	9	36
		文化地理	2												27	9	36
		交通地理学	2												27	9	36
		人口地理学	2												27	9	36
		政区地理学	2												27	9	36
	地理过程模拟类课程六选一	气候模式模拟	2												27	9	36
		水文模型模拟	2												27	9	36
		地表过程观测与模拟	2												27	9	36
		环境过程模拟	2												27	9	36
		城市过程模拟	2												27	9	36
		城市灾害模拟	2												27	9	36

续表

类别	课程编号	课程名称	学分	各学期课时暑期短学期											总学时		
				1	2	3	4	5	6	7	8	9	10	11	讲课	实验	合计
专业教育课程	专业选修	地理技术板块课程六选一	3S技术应用	2												27	9	36
			遥感高级应用	2												27	9	36
			深度学习的地理应用	2												27	9	36
			网络地理信息系统	2												27	9	36
			专题地图与空间信息设计	2												27	9	36
			虚拟地理环境	2												27	9	36
		导师制定选修课程	导师指定专业选修课程	6													216	216
			导师指定跨专业选修课程	6													216	216
		学分要求		20														
全程总计			149															
备注																		

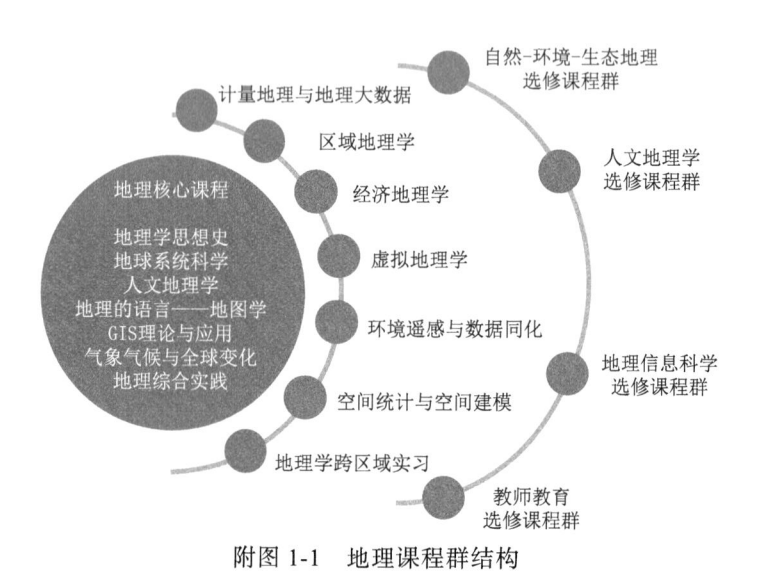

附图1-1　地理课程群结构

八、课程设置与毕业要求的支撑矩阵

课程体系对专业毕业要求的支撑矩阵见附表 1-4。

附表 1-4 课程体系对专业毕业要求的支撑矩阵

课程	爱国情怀	学科素养	知识整合	思维养成	职业素养	团队协作	反思能力	国际视野
英语类通识	—	—	—	—	—	—	—	—
第一学期									
Python 语言与 AI 算法	L	—	—	—	H	M	—	—
思政类通识必修课	H	L	M	L	M	—	—	M
体育类通识必修课	L	H	—	L	L	M	—	L
拔尖计划通识（几何原本）	L	H	H	H	—	—	H	M
军事理论通识必修课	H	L	M	—	—	—	—	M
高等数学（一）	L	M	H	H	—	M	—	—
地球系统科学	H	H	M	M	M	M	H	H
人文地理学	H	H	H	M	M	M	H	M
地图学	H	H	H	H	M	M	M	M
地理学野外基础训练	H	H	H	H	H	H	H	H
第一课堂支撑度评价	6H4L	6H2L1M	6H2M1L	3H3M2L	2H4M1L	1H6M	5H2M	3H2M1L
第二课堂支撑需求	—	—	—	1H	1H	1H1L	—	2H
第二学期									
思政类通识必修课	H	L	M	L	M	—	—	M
体育类通识必修课	L	H	—	L	L	M	—	L
高等数学（二）	L	M	H	H	—	M	—	—
大学物理	L	L	L	H	—	M	—	—
地球系统科学	H	H	H	H	H	H	H	H
GIS 理论与应用	M	H	H	H	H	H	H	H
地理学野外基础训练	H	H	H	H	H	H	H	H
第一课堂支撑度评价	3H1M3L	4H1M2L	4H1M1L	3H2M2L	1H3M1L	1H5M	3H	3H1M1L
第二课堂支撑需求	—	—	—	—	1H	—	1H1M	1M

续表

课程	爱国情怀	学科素养	知识整合	思维养成	职业素养	团队协作	反思能力	国际视野
暑期									
地理学思想与地理学导论（英）	L	M	H	H	M	—	M	H
现代自然地理学（英）	L	M	H	H	M	—	M	H
经济地理学（英）	L	M	H	H	M	—	M	H
虚拟地理学（英）	L	M	H	H	M	—	M	H
人-地关系综合地理实习	H	H	H	H	H	H	H	H
第一课堂支撑度评价	1H4L	1H4M	5H	5H	1H4M	1H	1H4M	5H
第二课堂课程支撑	—	—	—	—	—	—	—	—
第三学期									
思政类通识必修课	H	L	M	L	M	—	—	M
体育类通识必修课	L	H	—	L	L	M	—	L
线性代数	L	M	H	H	—	M	—	—
变分原理	L	M	H	H	—	M	—	—
拔尖计划通识（共产党宣言）	H	—	—	H	L	—	H	—
气象气候与全球变化	L	H	H	M	M	M	H	H
科创实践Ⅰ	L	H	L	H	H	H	H	H
第一课堂支撑度评价	2H4L	3H2M1L	3H1M1L	4H1M2L	1H2M2L	1H5M	3H	2H1M1L
第二课堂支撑需求	1H1L	—	1L	—	1H1M	—	1H1L	1H1L
第四学期									
思政类通识必修课	H	L	M	L	M	—	—	M
体育类通识必修课	L	H	—	L	L	M	—	L
数理统计与大数据分析	L	H	H	M	M	M	H	H
拔尖计划通识（量子史话）	L	M	L	H	L	L	H	H
计量地理与计算地理	M	H	H	M	M	M	H	M

续表

课程	爱国情怀	学科素养	知识整合	思维养成	职业素养	团队协作	反思能力	国际视野
全球变化与地球系统模拟	H	H	H	M	M	M	H	M
科创实践Ⅱ	L	H	L	H	H	H	H	H
第一课堂支撑度评价	2H1M4L	5H1M1L	3H1M2L	2H3M2L	1H4M2L	1H4M1L	4H	3H3M1L
第二课堂支撑需求	—	—	—	—	—	—	—	—
暑期								
智能地理（英）	L	M	H	H	M	—	M	H
环境遥感与数据同化（英）	L	M	H	H	M	—	M	H
跨区域地理综合实习	H	H	H	H	H	H	H	H
海外地理综合实习	H	H	H	H	H	H	H	H
科创实践Ⅲ	L	H	L	H	H	H	H	H
第一课堂支撑度评价	2H3L	3H2M	4H1L	5H	3H2M	3H	3H2M	5H
第二课堂支撑需求	—	—	—	—	—	—	—	—
第五学期								
专业方向选修课程Ⅰ	M	M	H	H	M	M	M	M
专业方向选修课程Ⅱ	M	M	H	H	M	M	M	M
专业方向选修课程Ⅲ	M	M	H	H	M	M	M	M
科创实践Ⅲ	L	H	L	H	H	H	H	H
第一课堂支撑度评价	3M1L	1H3M	3H1L	5H	1H3M	1H3M	1H3M	1H3M
第二课堂支撑需求	1M	1M	—	—	1M	1M	1M	1M
第六学期								
专业方向选修课程Ⅳ	M	M	H	H	M	M	M	M
专业方向选修课程Ⅴ	M	M	H	H	M	M	M	M
专业方向选修课程Ⅵ	M	M	H	H	M	M	M	M
科创实践Ⅳ	L	H	L	H	H	H	H	H
第一课堂支撑度评价	3M1L	1H3M	3H1L	5H	1H3M	1H3M	1H3M	1H3M

续表

课程	爱国情怀	学科素养	知识整合	思维养成	职业素养	团队协作	反思能力	国际视野
第二课堂支撑需求	1H	1M	—	—	1M	1M	1M	1M
暑期——第七学期								
海外专业方向选修课程Ⅰ	—	M	H	H	M	M	M	M
海外专业方向选修课程Ⅱ	—	M	H	H	M	M	M	M
海外科创实践	L	H	L	H	H	H	H	H
第一课堂支撑度评价	1L	1H2M	2H1L	3H	1H2M	1H2M	1H2M	1H2M
第二课堂支撑需求	H							
第八学期								
毕业论文	L	H	L	H	H	—	H	H
第二课堂支撑需求	H							
学院每学期第二课堂活动								
专业讲座（4次）	H	H	H	H	—	—	—	H
书院每学期第二课堂活动								
各类活动需要达到目标	H	—	—	—	1H1M	H	H	H

注：H代表教学环节对毕业要求高支撑，M代表教学环节对毕业要求中支撑，L代表教学环节对毕业要求低支撑。

说明：

1. 有关课程对毕业要求目标达成度指标的预设要求

课程对毕业要求目标达成度指标的支撑评价见附表1-5。

附表1-5　课程对毕业要求目标达成度指标的支撑评价

支撑度	人才培养指标支撑度评价
高支撑度（H）	教学目标包含培养目标对应Ⅰ级指标中所有的Ⅱ级指标 教学内容中的教学环节包含对应Ⅰ级指标中85%以上Ⅱ级指标 教学评估（平时+期末）包含Ⅱ级指标的评价达到20%
中支撑度（M）	教学目标包含培养目标对应Ⅰ级指标中2个（或50%）以上的Ⅱ级指标 教学内容中的教学环节包含对应Ⅰ级指标中60%以上Ⅱ级指标 教学评估（平时+期末）包含Ⅱ级指标的评价达到10%
低支撑度（L）	教学目标包含培养目标对应Ⅰ级指标 教学内容中的教学环节包含对应Ⅰ级指标中30%以上Ⅱ级指标 教学评估（平时+期末）包含Ⅱ级指标的评价达到5%

注：针对某一门课程对应的某Ⅰ级指标达成度，当它满足支撑度评价中的2条时，我们认为课程对该Ⅰ级指标达成了该水平的支撑。如不满足支撑度评价的2条则降至下一层次评价。

2. 课程对毕业要求目标达成度预设要求制定的依据

根据整体的地理学人才培养的目标与5年后需达到的培养目标，确定8个Ⅰ级指标，25个Ⅱ级指标，结合专业课程的特点、教学内容与教学目标，确定每一门课程针对每个Ⅰ级指标所应达到的最低支撑度。

九、全育人培养方案

1. 指导思想

全面贯彻党的教育方针，以"立德树人"为根本任务，以培养卓越毕业生为导向，以培养学生的思维和精神为核心，内容设计要把握形象思维、逻辑思维、格局思维的训练及人文精神、科学精神、信仰精神的养成，基于学校本科生共同核心素养，围绕专业培养的毕业要求，紧密衔接第一课堂，坚持"五育并举"和"三全育人"，助力新一代地理学科后备拔尖创新领军人才的成长。

2. 培养方式

（1）以学院举措互补为基础，围绕培养方案中人才培养的目标与规格，对标课程体系建设中对第二课堂的支撑目标和达成度的需求，协同学院建设围绕专业特色的第二课堂。

（2）预留第二课堂中学生的自主性空间，减少书院第二课堂本身的强制性环节，而以设定目标、提供保障、搭建平台为主，鼓励学生自由选择，开展自发性设计和提出自主需求，激发学生的自我管理和创新能力。

（3）坚持德智体美劳"五育并举"，德育以涵养学生的家国情怀，激发学生树立"科研报国"的信念，严守科研诚信为目标，以"书院与学院携手共育"的方式开展；智育以促进多学科交叉融合，提升学生人文素养和文理交叉能力，提升专业综合素养为目标，以"书院搭台、学院协同"为主要开展方式；体育、美育、劳育充分发挥地理学多元、多维实践特色，以强健体魄、陶冶审美情趣、增强文化自信及养成热爱劳动的习惯为目标，以"书院引导、学院参与、学生自主"的方式开展。

3. 第二课堂学时要求

（1）书院开设的第二课堂必修课程：根据年度计划进行；
（2）书院开设的第二课堂选修课程：建议每学年认定学时不少于12学时

4. 荣誉认证

学时达标后，颁发"光华书院第二课堂荣誉学分证书"，学院以此作为第一课堂必修课程"志愿交流"类和"科创实践"成绩评定的重要参考。

十、专业补充阅读书目

A G 维尔逊. 1997. 地理学与环境——系统分析方法. 蔡运龙 译. 北京：商务印书馆.
R H 贝克. 2008. 地理学与历史学——跨越楚河汉界. 阙维民 译. 北京：商务印书馆.
R. 哈特向. 2009. 地理学性质的透视. 黎樵 译. 北京：商务印书馆.

阿尔夫雷特·赫特纳. 2020. 地理学：它的历史、性质与方法. 北京：商务印书馆.
彼得·迪肯. 2007. 全球性转变——重塑21世纪的全球经济地图. 刘卫东 译. 北京：商务印书馆.
蔡运龙, Bill Wyckoff. 2011. 地理学思想经典解读. 北京：商务印书馆.
段义孚. 2018. 恋地情节. 志丞, 刘苏 译. 北京：商务印书馆.
胡焕庸, 张善余. 1999. 中国人口地理. 北京：学苑出版社.
李约瑟. 2014. 中华科学文明史. 上海交通大学科学史系 译. 上海：上海人民出版社.
理查德·皮特. 2000. 现代地理学思想. 周尚意 译. 北京：商务印书馆.
美国国家研究院地学/环境与资源委员会编. 2002. 重新发现地理学：与科学和社会的新关联. 北京：学苑出版社.
尼古拉斯·克里福德, 吉尔·瓦伦丁等. 2012. 当代地理学方法. 张百平, 孙然好 译. 北京：商务印书馆.
钱旭红. 2020. 改变思维. 上海：华东师范大学出版社.
山海经. 2015. 北京：清华大学出版社.
水经注. 2016. 北京：中华书局.
斯文·赫定. 2000. 丝绸之路. 新疆：新疆人民出版社.
徐弘祖. 2010. 徐霞客游记. 褚绍唐, 吴应寿 整理. 上海：上海古籍出版社, 2010.
竺可桢. 2011. 天道与人文. 北京：北京出版社.
Alfred Wegener. 2011. The Origin of Continents and Oceans. New York: Dover Publications.
Rachel Louise Carson. 1962. Silent Spring. Boston: Houghton Mifflin Company; Cambridge: The Riverside Press.
Ray Kurzweil. 2006. The Singularity Is Near: When Humans Transcend Biology. London: Penguin Books.
Simon Winchester. 2002. The Map That Changed the World. New York: Perennial.
Stephen Hawking. 1989. A Brief History of Time. New York: Bantam Books.

附录二　全国地理学联合实习体系建设介绍

地理学后备人才培养是地理学持续发展、服务社会的基础。20 世纪 90 年代，国家为了保证重要基础学科后备人才培养的质量，在数学、物理学、化学、生物学、地理学等学科建立国家理科基础研究与教学人才培养基地。基地目标是建设具有先进和完备的教学条件，拥有高水平的教师队伍，形成科学的、先进的人才培养方案和教学管理办法，能够培养优秀的基础科学人才和输送高质量的研究生生源。

地理学与其他基础学科相比，除了均重视理论学习之外，还强调野外实践教学在人才培养中的突出地位。所谓"读万卷书，行千里路"，只有将室内理论学习、室内试验教学与野外实践教学高效对接才能真正提升地理学人才培养的质量。

地理科学具区域性与综合性特点，野外实践教学局限于某些小范围重点技能训练型实习是不够的。同时由于近年来各项实习费用不断上涨，压缩了各个地理科学类专业院校野外实践教学的时间与空间。为了突破这一野外实践的瓶颈，全国各个基地院校独立开展一系列野外实践改革，如华东师范大学国家理科人才培养基地（地理学）（以下简称地理学基地）开展了以下改革尝试：①大纵深跨越式实习，开拓了东北线、西南线与西北线实习，扩展了学生的视野；②建立校-校交换实习与联合实习，先后与香港中文大学、兰州大学等建立了交换实习关系，开拓了香港特别行政区综合地理实习（目前已坚持连续 6 年基地班全体参加）、西北三大自然过渡带实习。这些改革尝试有效地提升了野外实践教学的质量。然而这些模式也存在着一些固有的缺陷：①缺乏指导师资，由于这些跨区域实习和联合实习基本以本单位师生为主，在西部实习过程中，东部地区教师由于缺乏西部工作经验，因此影响到学生在西部地区实习的指导；②缺乏实习资料，由于缺乏在大跨度地区工作、教学的积累，实习过程中缺少完备的野外实践大纲和实习指导书；③缺乏有效的后勤保障，由于跨区域实习远离实习单位所在地，难以短时间内建立起长期的后勤保障合作关系，对实习过程中的后勤保障形成了很大的压力。

为了突破国内各个院校普遍存在的野外实践区域限制矛盾。以华东师范大学地理学基地为主要发起单位，联合北京师范大学、兰州大学、南京大学和福建师范大学等校的地理学基地，依托各个学校多年精心打造的野外实践资源，开展基地跨区域联合实习。联合实习以"合作、共享、辐射"为宗旨，在国家自然科学基金委员会和教育部的支持下，通过北方线与南方线的轮换实习，成功打造了国内首个基地院校自发联合的野外实践教学平台。联合实习参与学校从最初的五所发展到两岸三地近 40 所，实习从基地院校间联合发展到大量非基地院校参与，品牌效应初步形成，得到了广泛的关注。

1. 基地强强联合，发挥各校特色优势，整合各校优质野外实践资源，形成一个系统、完整的全国地理学野外实践资源系统

面对当前实践教学日益突出的区域局限瓶颈，"十一五"期间，国家自然科学基金委员会理科基地专家委员会建议全国各个地理学基地探索资源共享，突破瓶颈限制的模式。在此背景下，华东师范大学地理学基地负责人郑祥民教授提议利用各个学校多年开发、运行的野外实践基地，实现基地院校联合实习，并采取自愿共享、逐年轮换、逐步开放的模式建设全国地理学联合实习网络。这一倡议得到了北京师范大学、兰州大学、南京大学和福建师范大学地理学基地的积极响应。

各个地理学基地在所在地区通过多年的实践建立了特色鲜明、具有典型地域代表性的实习基地。这些基地硬件设施齐备，很多实习基地依托国家级研究机构野外台站资源，具有完备、规范的野外实践硬件条件。此外，经过多年的实践教学和科研工作，积累了丰富的教学参考资料和监测数据，为实践教学的顺利开展提供了坚实的软件资源。

华东师范大学浙江实习基地：实习点东起普陀岛和崇明岛，西至浙江西部的建德，包括普陀岛海岸地貌、天童山生态系统、天目山土壤植被系统、杭州流域地貌、建德喀斯特地貌、富阳河流地貌等实习点。这些实习点均有 20 年以上的实践教学或科学研究基础，有的在 20 世纪 80 年代就有地理系教师在此开始研究工作，如普陀岛等舟山群岛地区；有的依托国家级野外观测基地，如天童山生态系统实习点依托天童森林生态系统国家野外科学观测台站；河口地貌实习依托华东师范大学崇明西沙湿地生态系统定位观测站。同时这条实习线路上包含了我国东部最重要的地貌、植被、土壤类型，河口海岸地貌、生态、亚热带森林生态系统等方面在国际上也是特色鲜明。

北京师范大学华北综合实习基地：北京师范大学地理学基地在数十年开展野外实践教学的基础上，逐步建设了以首都北京为中心，以首都社会人文空间结构-平原山地地貌-农牧交错带生态为区域特色的多项野外实践基地。目前已在以北京城区为核心的一个扇面区域里建立了 2 个远途实习点、11 个近郊实习点。该扇面为自北京城区向北部 180°扇面，延展为三个圈层，第一层是北京城区及近郊历史文化古城，城市地理、文化地理、经济地理实习；第二层是北京西北部的远郊平原山地地貌；第三层是与北京西部、北部相连的河北农牧交错带生态景观。

兰州大学三大自然过渡带实习基地：三大自然区过渡带是兰州大学长期科学研究的重点地区，凝聚着三代教师的心血，产出了众多科研成果。特别是关于青藏高原隆升的时代、幅度与形式等研究成果，曾被选入美国地质学教科书。在梳理和筛选丰富科研成果的基础上，以国家级自然保护区、国家地质公园等单位为依托，兰州大学建立了三大自然区过渡带野外实习基地。该实习基地的野外教学内容具有基础性、前沿性和典型性，而且地域范围适当、交通方便，对培养学生的科研能力和创新意识发挥了重要作用。

南京大学庐山实习基地："匡庐奇秀甲天下"，庐山地区作为地理学野外教学实习基地有着其他地区无可比拟的地理典型性。实习区面积近 1000km^2，江河、湖泊、山地、丘陵、平原、沙地、湖沼皆有，自然地理、人文地理类型俱全，实习内容丰富，可以实现基础性、科学性、综合性和时代性的融合。南京大学地理与海洋科学学院（原地理系）自20世纪50年代首次在庐山地区开辟自然地理学野外教学实习基地至今，为一代又一代地理科学家的成长做出了重要贡献，同时在长期教学实践过程中也积累了丰富的经验和教学资源。

福建师范大学平潭实习基地：该实习点立足福建平潭岛，拥有丰富、完整的海岸地貌系统，包括海岸侵蚀地貌和海岸堆积地貌（从海蚀柱、海蚀穴到海滩岩、老红砂堆积）。福建师范大学以此为基础构建了完善的实习线路，并建设了完备可靠的野外实践后勤保障体系。

五个各自富有特色的实习基地强强联合，形成了涵盖我国三大自然地理带、三大阶梯，覆盖主要自然地理单元，大纵深的我国独一无二的野外实践教学资源系统。

此外，"十一五"以来，华东师范大学、北京师范大学、南京大学、兰州大学地理学基地的野外实习基地被列入国家自然科学基金委员会重点资助建设的野外实习基地，为基地联合实习进一步提供了支撑。

五个基地于2009年依托北京师范大学和兰州大学北方实习基地开展了第一届联合野外实习，大获成功，坚定了各个学校进一步坚持开展联合实习的信心。2010年，由华东师范大学、南京大学和福建师范大学依托南方基地举办了第二届联合实习，在第一届五所基地院校参与的基础上，吸引了南京师范大学、内蒙古师范大学等九所非基地院校参与，收到了良好的效果。2011~2013年，先后举办了第三、第四、第五届联合实习，参加队伍不但已覆盖了国内所有七个理科基地，同时两岸三地主要的地理学院校，如香港中文大学、台湾师范大学、中山大学、西南大学、东北师范大学、陕西师范大学等均参与到联合实习队伍中来，实习院校达到了近40所，在国内形成了较大的影响。

2. 依托基地院校，组建了一支学科门类齐全、全方位满足实习指导、高质量的联合实习野外指导队伍

基地院校在长期的实践教学中不但积累一批实习基地硬件建设资源，同时培养、形成了各自的野外教学指导队伍。在联合实习的组织和实施过程中，各个承担院校均高度重视实习指导队伍的配备，挑选教学、科研经验丰富的教学团队作为野外教学指导的主体，如华东师范大学依托自然地理学国家级教学团队，北京师范大学依托区域地理国家级教学团队等，同时一大批学术造诣深厚的知名学者也参与到野外实践指导中来，如郑祥民教授（上海市教学名师）、王乃昂教授（国家级教学名师）、陈振楼教授（国务院学位委员会委员）、杨胜天教授（曾任北京师范大学地理学与遥感科学学院院长）、周尚意教授（曾任教育部地理学教学指导委员会委员）、王腊春教授（南京大学地理与海洋科学学院副院长）、曾从盛教授（福建省地理学会理事长）、邓辉教授（曾任北京大学城市与环境学院副院长）等。我国一流地理学师资与一流地理学学子在联合实习中结合在一起，在国内也极为少见，极大地提升了地理学后备人才培养的质量。

3. 通过联合实习实践，形成了一套完整的野外实践教学系统，创新实践教学模式

在"高起点、高强度、高综合"的环境下，运用地理学基本技能，把握、综合、描述区域地理特征，成为联合实习核心的教学目标与特色。联合实习模式是地理学实践教学的一次创新，在每次实习近 20 天时间中，大跨越、距离长、内容多、环境变化大的特色鲜明，在实践教学的组织与教学模式上均与各个学校原有的专题实习有很大区别。

"高起点"，即要求所有参加的学生必须具有扎实的专业基础知识与实践技能。短时间、大跨度的特点，使联合实习必须与一般的课程实习有严格的区别，其主要训练学生在原有专业课程学习和专业技能实习的基础上，提升短时间内在陌生的自然环境条件中利用已有的专业知识与技能，把握实习区域自然环境主要特征的能力。因此，所有院校对参与联合实习的学生都进行了严格的选拔。"高起点"保障了联合实习教学目标的顺利实现。

"高强度"，即短时间内学生需完成的实习内容多。在联合实习进行中，实习内容丰富，对学生的身心考验极大。例如，北线实习过程中，在近 20 天时间里，参加实习的学生需穿越近 5000km，温度变化近 50℃，垂直高度变化超过 4000m，对所有参与实习的学生的身体是一种严峻的考验。在考验意志品质的同时，学生还需要完成各项实习任务，同时在实习期间平均 2~3 天就要进行一次实习小结汇报（一般实习，实习汇报基本在实习结束后一个月完成）。每日繁重的实习后，学生就需要投入紧张的实习记录整理、汇报撰写工作。承受住如此高强度的身心考验是地理学后备人才所需具备的重要素质。

"高综合"，即联合实习的内容涉及的领域高度综合。由于联合实习高起点的特色，在实习内容设计中体现了高度综合的特点，不但体现在二级学科领域自然地理学内土壤、植被、地貌、水文的实习内容高度综合，更重在综合地掌握实习区域的自然地理特征。更进一步，在一级学科中，自然地理与人文地理实现了综合，人文地理调查与自然地理调查相互交叉，训练学生综合理解地理环境中人地关系的特点。

完善教材体系，出版了系列实习教材，发布了虚拟实习系统。为了更好地提升联合实习效果，参与联合实习的基地高校组织了实习教材专家委员会，反复讨论、认真挖掘各基地几十年积累的宝贵实习经验，先后撰写了一系列的野外实习教材，其中已出版《庐山地区地理学野外实习指导》、《西秦岭地质地貌野外实习教程》和《浙江自然地理学野外实习指导》，这些高质量的实习教材出版，不仅有助于联合实习的高效开展，同时弥补了全国地理学野外实习教材的缺乏，引领我国地学野外实践与改革潮流，起到了良好示范作用。同时完成了浙江和庐山自然地理学野外实习教学网站建设，这极大地拓展的联合实习的示范效应。

4. 协调各个理科基地，建设了一套完整的基地联合实习运行保障系统

组建全国地理学基地联谊会，统一规划、协调、组织、管理地理学联合实习，并形成全国地理学基地负责人定期协商制度，为全国地理学联合实习构建了完善的联合实习顶层设计。

各个联合实习承担单位由基地负责人牵头,抽调骨干教师组成联合实习后勤保障组,有效保障了联合实习顺利开展。

联合实习过程中由各个基地负责人和各个参与单位领队组成联合实习管理组,依照地理学野外实践规章制度,对联合实习进行纪律管理,确保了来自不同高校的学生组建的联合实习中实习教学的顺利开展。

5. "合作、开放、共享、辐射"成为联合实习的宗旨,服务高水平联合实习

充分发挥基地共享辐射效应,参与学校,从第一届的五所基地院校,发展到第四届两岸三地的二十所院校。联合实习平台依托地理学基地野外实践基地,对参加学校完全免费开放,每一年实习过程中承担单位不但提供了完整的实习资源(包括实习场地、实习教材和实习指导教师),同时负责参与学校实习期间的所有费用支出,真正做到了完全开放和共享。

每一位参加联合实习的学生与教师在联合实习结束返回各自学校后,均通过报告会等模式将实习中的体会向本校学生推广,进一步提高了联合实习的辐射效应。

在联合实习的基础上,各个承担单位整理出版了理科基地野外实习指导丛书,为联合野外实习规范化、系统化,增加了联合实习的辐射效应。

6. 各级领导关注与关心成为联合实习顺利发展的重要保障

自联合实习发起到先后四届联合实习的顺利进行得到了教育部高等教育司理工处、国家自然科学基金委员会、中国地理学会,以及各个承担学校领导及实习院系领导的关注与支持。国家自然科学基金委员会计划局原副局长董尔丹、中国地理学会副理事长俞立中、上海市教委副主任袁雯、北京师范大学副校长韩震、华东师范大学副校长陆靖、福建师范大学副校长汪文鼎、基金委人才处刘泉处长、高教司理工处吴爱群、中国地理学会秘书长张国友等均先后关心联合实习,出席联合实习活动或参加实习基地建设的考察活动。领导的关注与关心,也有效促进了联合实习的成功进行。

7. 联合实习实践成果丰硕,成效显著

1)联合实习成为扩展地学视野、激发地学兴趣的平台

联合实习每年在中国南方和北方交替举行,极大扩展了不同区域学生的地理视野。东部学生往往对西部的自然过渡带环境较为陌生,虽然在课堂教学中学习了相关内容,抑或是通过旅游等方式有一定的体验,但只有通过野外实践的平台,通过野外实践才真正体验、体会到这种地理环境的差异。同时各个实习承担单位考虑到参加学校的地域差异,在实习内容中均加入了相应的地域特色实习内容。例如,在华东师范大学承办联合实习的过程中,考虑到非本校学生对上海发展、演化,长江口地貌发育等内容较为陌生,在实习过程加入了上海城市文化地理实习的人文地理实习内容,通过对上海城市空间结构的短期实习,强化人文地理学实习中城市地理与文化地理部分的实践能力;通过对河口科技馆的参观和崇西湿地的考察,体会河口地貌发育过程,学会河口地貌和河口湿地生态系统的野外调查方法。在北京师范大学承办实习过程中也专门安排了北京城市居住格局演化、空间布局演化等实习内

容。这些不仅有效提升了联合实习的效果,同时极大地激发了学生对地理学学习的热情。

2)联合实习也成为青年教师野外实践教学指导能力提高的平台

由于地域、阅历的限制,目前指导野外实践教学的青年教师的野外见识与教学能力较老一辈教师仍有一定的差距。近年来,通过一些野外教学专项培训班,青年教师野外教学能力得到了有效提升。基地联合实习也为青年教师的野外教学能力提升提供了优良的平台。每次联合实习过程中,各个学校往往选派最有经验的指导队伍,大量教授/博导参与到了实习指导中,这不但给学生提供了最佳的教师资源,同时也为青年教师提供难得的学习机会。在联合实习过程中,每一个参与的学校目前均派出一名青年教师参与野外实践,在联合实习中青年教师的自身野外技能得到了提高,更从提升了野外实践教学指导能力。

同时,为了有效提升野外实践指导师资队伍的质量,各个基地院校在联合实习的基础上,通过举办青年教师专题培训班的模式,为全国各个地理类院校培养青年教师,在培训过程中,一批老一辈的专家参与到教学中来,如南京大学王颖院士、杨达源教授等。

3)基地联合实习连续四年顺利开展,品牌初步形成,得到了国家自然科学基金委员会、教育部、中国地理学会相关领导的肯定,参与学校日益增多

自 2009 年华东师范大学等五所院校发起全国地理学基地联合实习以来,各个基地参与热情高涨,已连续四年成功实施。参与的院校不断壮大,从最初的五所院校发展到 2012 年第四届时的二十所院校,从基地院校走向了非基地院校,从大陆院校走向了两岸三地院校。基地联合实习虽然由各个地理学基地院校自发组织形成,但长期得到了国家自然科学基金委员会、教育部和中国地理学会的关注。国家自然科学基金委员会和教育部自第一届起就高度关注联合实习的发展,国家自然科学基金委员会计划局副局长也曾亲自带队考察华东师范大学与南京大学野外实习基地,对基地的建设和共享开放方案给予高度的支持。中国地理学会也关注着联合实习的发展,中国地理学会原副理事长许世远教授和现任副理事长俞立中教授就曾亲自参与野外实习基地建设与共享方案的制定,考察实习基地,并对联合实习模拟给予肯定,认为其是地理学后备人才培养的一种有益的创新尝试。中国地理学会秘书长张国友研究员在参加第三届联合实习开幕式时,对利用基地实习资源、开放共享、提升地理学人才培养的模式给予肯定。华东师范大学地理学基地郑祥民教授在中国地理学会学术年会、中国高校地学院(系)院长(系主任)联席会等会议上介绍联合实习建设与组织情况,引起了与会代表的关注,纷纷询问参加联合实习平台的具体事宜。联合实习初步形成良好的品牌。

4)联合实习引起了广泛的关注

首届联合实习就受到了学界和社会的关注,国家自然科学基金委员会、教育部和中国地理学会给予了高度重视和支持。《青年报》《中国教育报》《中国科学报》《解放日报》《文汇报》《东方教育时报》《新民晚报》《福建日报》等各大报纸,中国新闻网、凤凰新闻网、人民网、中国日报网、科学网、新华网、凤凰网、雅虎教育网

站等网站媒体,东南卫视、福建教育电视台等媒体,对联合实习进行报道或转载,扩大了联合实习的社会影响。

联合实习切实提升了学生的综合素质,为国家培养地学优秀后备人才做出了积极贡献,联合实习时间短,跨度大,内容多,学生在短时间内即可观察到各种各样的自然或人文地理景观,极大拓宽了学生的视野。学生在一起相互学习、共同完成任务、相互交流。教师的讲解引发学生思考,提高学生的学习兴趣。小组学习方式锻炼学生自主学习能力,培养团队合作精神。报告撰写和讲解提高学生的研究兴趣。野外实践综合训练真正让学生体验、体会到地理学的博大,让学生对典型地理学现象有了较为全面、具象的理解,夯实了学生基础知识和专业技能,切实提升了学生综合素质。

附录三　华东师范大学地理学野外实践教学体系建设

地理学是研究地球表层自然现象和人文现象的空间分布、相互关系及发展变化的学科，具有综合性和区域性等特点，探索人地关系及地域系统兼有自然科学和人文社会科学的性质，在现代科学体系中占有重要地位，对于解决当代人口、资源、环境和发展问题具有重要作用。鉴于地理学"揭示自然奥秘，探究人文精华"的学科特色，地理学不仅具有自然科学的客观性和逻辑性的特点，而且具有社会科学的综合性和文化性的特点，还具有显著的区域性和技术性特征，是一门理论、技术与应用并重的学科。地球表面是一个多要素、多圈层之间相互作用、相互影响的综合体，这使得地理学具有综合性、区域性的特点，因此培养地理学拔尖创新人才，服务国家与区域重大需求是学科人才培养的核心目标。

地理学是一门对野外实践要求较强的学科，野外综合实践教学是地理学人才培养不可或缺的环节。地理科学学院及其前身地理系自建系以来就高度重视野外实践教学，围绕国家战略需求和各个时期的人才培养目标，结合学科研究的特色，在国内自然-人文典型区域建设了一系列野外实践基地，形成了成熟的野外实践教学模式。进入21世纪，地理学研究已进入交叉、综合与创新并举的阶段，强调以定性、定量、定位、定序等现代技术手段，分析和解决地球表层系统科学问题，这对传统以野外单一学科单一站点量测、小区域线路巡弋和定性描述为主的野外实践教学在野外实现时空高效拓展、多学科交叉融合等均提出了新挑战；同时由于经费、师资等因素的制约，野外实践教学的区域限制瓶颈日益显现，制约了学生的地理要素空间认知的完整性；习近平总书记在全国高校思想政治工作会议上强调，"其他各门课都要守好一段渠、种好责任田，使各类课程与思想政治理论课同向同行，形成协同效应"，这也为野外实践教学的提升提出了更高要求。本节将介绍地理科学学院多年来在野外实践教学中的相关经验，并探讨在新时期通过对野外实践教学目标、教学内容、野外教学资源体系的系统完善、提升，应对新时期高水平拔尖创新人才培养对野外实践教学提出的更高、更全面的要求。

一、地理学人才培养体系中的野外实践教学

地理类专业培养目标明确指出，学生应掌握自然地理学、人文地理学和地理信息科学与技术的基础知识、基本理论、分析方法和应用技能；具备通过野外综合考察、社会调查、实验分析等获取第一手科学资料和地理数据的能力；能够分析、归纳、整理相关数据，掌握一定的数理统计分析和计算机技术，具有定量分析研究地理问题的能力；具有遥感、卫星定位导航、地理信息系统的应用或开发能力，掌握资料调查与收集、文献检索及运用现代技术获得相关信息的基本方法；具备一定的自主设计实验和开展野外调查的能力；具有较强的科学探索精神和接受新知识、新

理论和新技术的能力,以及良好的合作精神和团队意识。

"读万卷书,行万里路",野外实践教学是地理学人才培养极其重要的环节。野外实践教学,通过对不同区域,具有代表性、典型性和综合性野外教学基地的教学实习,有助于学生以感性认识,巩固、升华课堂教学的理性认识,形成专业知识的强化记忆,完善专业基础知识结构,构建不同知识单元的交叉练习认知,完成不同专业课程间实质性的交叉渗透,实现知识学习的一体化和综合化,实现本科教育知识、能力、素质并重的培养模式,以及促进综合思维、能力训练、激发创新意识教学目标的达成。根据人才培养目标,根据专业认证的模式对地理类专业关于家国情怀、科学精神、学科素养、团队合作、国际视野、学会反思等八个指标形成对学生的毕业要求。通过对各类实践类课程教学内容、教学目标的系统梳理,确定了野外实践教学课程对毕业要求的支撑。与地理科学类专业其他课程相比,野外实践课程是唯一具有全高支撑度的一类课程。以下以四个核心毕业要求指标的支撑为例,说明野外实践教学对毕业要求指标的高支撑性。

针对【家国情怀】指标,实践教学走出书斋,选择我国自然、人文地理典型区域,开展野外实践,这样的设计将专业认知与感性体验相融合,深化、巩固学生对国情的认知和对国家重大工程、重大方针的理解,使野外实践教学的课程思政功能得到了极大的提升,因此对于家国情怀指标具有高支撑度。

针对【科学精神】指标,实践教学在教学过程中除了与课堂教学协同配合完成野外技能训练目标,强化课堂教学知识点外,由于野外实践教学在野外多变环境中开展,与室内理论教学与实验教学相比,影响实践/实验教学的不确定性、不受控因素增多,因此对教学实验设计的科学性、可行性、严谨性提出了更高的要求,因此对培养学生的科学精神具有极高的效率,对该指标形成高支撑度。

针对【学科素养】指标,地球科学由于需要长期在野外艰苦环境中开展野外研究工作,不忘初心,因此形成了特有的地学精神,也是地理学专业人才毕业要求中极其重要的组成部分。在野外实践教学中,要求学生在艰苦的野外条件下,科学严谨地开展地学工作,对于培养形成地学精神具有高支撑,而且是整个课程体系中唯一的高支撑教学环节。

针对【团队合作】指标,在野外实践教学中采用的是小组实践,并以小组分工野外信息数据采集、小组协同学习、小组汇报考核等环节予以支撑,在野外实践中将有效提升学生的团队协同工作能力、团队组织能力,培养团队精神。因此,在野外实践教学中对学生的团队合作能力形成高支撑。

二、地理学野外实验教学体系构建

(一)地理学野外实验教学模式

地球与地理科学以实践性强为突出特点,建立科学、合理、循序渐进并与课堂教学交叉配合的实验教学新体系,是实现本科教学培养目标的关键。通过对课程体系的改革和培养模式的实践探索,多年来学院已经建立了实验教学课程体系和新的实验教学内容大纲,确立了实验教学面向"三个层次、三个阶段"的模式(附图3-1):

三个层次——基础层次、综合层次与创新层次；

三个阶段——室内实验教学阶段、课间实验教学阶段、野外实践基地实践教学阶段。

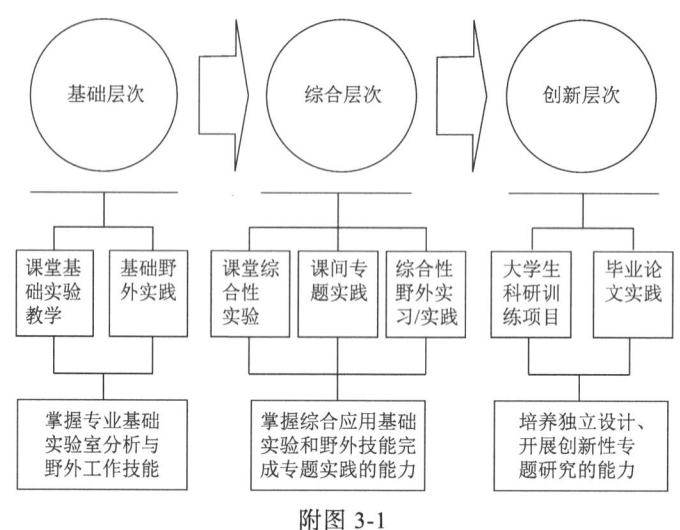

附图 3-1

三个层次实验教学的有效耦合，渐进式地推进创新人才培养。基础层次实验教学，是课堂教学的重要组成部分，是理论教学的有效补充，其目的在于强化学生的地球科学实验基本功和深化学生对地球科学相关课程内容的理解。特定层次的实验教学以课程学习中的章和节为单位，对单一的教学点进行实践，实验教学效果的评价具有明确客观的衡量标准。以土壤地理学课程教学为例，基础层次实验教学中主要开展土壤粒度组成测定实验、土壤有机质含量测定、土壤 pH 测定等基本技能型实验。

综合层次实验教学，其目标是培养学生的基本科学探究与科学思维能力，最大限度地实现实验与理论的结合，在理论的指导下进行实验，在实验的过程中深化对理论的理解。训练学生应用已掌握的基础地学实验技术研究方法，根据特定研究任务，组合运用基础实验技术，探究简单的地球科学综合性问题，这些问题往往已具备较为成熟、统一的实验分析规程，实验教学效果的评价具有较为稳定、统一的衡量标准。以土壤学课程为例，综合层次教学中，将开展城市蔬菜地土壤理化基本特征分析类型的实验、实践教学，其中涉及将基础层次实验教学中已掌握的土壤剖面描述、基本理化测试方法组合运用。

创新层次实验教学，这类实验，具有真正的科学研究和科学创造的性质，具体形式有能力提高科研训练项目、大学生科研基金项目和毕业论文综合训练等。其前沿性和创造性体现在：实验题目多数是从导师们的科研课题中提出的，因而直指学科的前沿或工程技术的前沿，实验内容具有探索性，但并无标准的实验构建模式，需要自行设计实验过程，实验教学效果的评价无单一、固定的指标，对实验结果的评价建立在对实验结果科学的演绎与归纳的基础上。创新层次的实验教学将培养学生在较高层次灵活运用、组合基础实验内容，并适当交叉引入其他课程实验教学内容，完成探索性实验目标的能力。以土壤学为例，创新层次实验教学将开展大气湿沉降性质变化对土壤中重金属形态的影响类型的研究型实验，开展该实验课题过程中除了需要运用基础层次及综合层次已掌握的土壤学实验内容、方法外，还将融入大气科学、水文学实验内容、方法，且实验设计无现成模式。

以上三个层次的实验教学循序渐进，有机统一。基础和综合层次实验教学是创新层次实验教学的基础，它们的教学效果将直接影响创新层次实验教学的成败；创新层次实验教学是基础层次与综合层次实验教学的必要提升，将有效地激发学生的参与热情，巩固实验教学成果，实现学科实验教学目标，同时引导、完善、丰富基础层次、综合层次实验教学内容。

（二）地理学野外实践教学资源库建设

1. 支撑多层次实践教学体系，构建多类型野外实践教学平台

以上海及周边长江河口大城市群与浙江富春江流域为基础建设服务三个层次综合性野外核心实践基地群，包括南京普通地质野外实践基地、上海城市综合地理过程实践基地与富春江综合地理学实践基地。该实践基地群主要服务：①基础野外技能训练功能，浙江实习基地是通过感性认识提高、巩固课堂知识，提高理论联系实际能力，培养各种野外工作基本能力的最佳场所。②综合科研训练、能力提高功能，野外实践基地为结合能力提高科研训练环节提供了重要的平台，承担着所有专业课程的各种类型的野外实践教学。建设天目山地理学综合实践基地，依托虚拟仿真系统，将原有的单一学科、单一样点认知实习，提升为以地球系统科学思想为指导，实现"水、土、气、生、人文社会"全要素集成，固定点位-流域-区域多尺度、多要素的融合。依托虚拟仿真中心，开发针对天目山区域综合地理实践的移动端野外实践系统，解决了野外实践中区域综合性信息获取、实践和区域分组实习中师生互动考察等问题。

探索多模式跨区域实践模式，破解跨区域实践认知限制。由于近年来各项实习费用的不断上涨，压缩了各个地理科学类专业院校野外实践教学的时间与空间。为了突破野外这一野外实践的瓶颈，华东师范大学地理科学学院独立开展一系列野外实践改革尝试：①大纵深跨越式实习，开设了贵州喀斯特野外实践基地和北天山丝绸之路野外实践基地，扩展了学生的视野。②建立校-校交换实习与联合实习，先后与香港中文大学、兰州大学等建立了交换实习关系，开拓了香港特别行政区综合地理实习、西北三大自然过渡带实习。这些改革尝试有效地提升了野外实践教学的质量。然而这些模式也存在着一些固有的缺陷：①缺乏指导师资，由于这些跨区域实习和联合实习基本以本单位师生为主，在西部实习过程中，东部地区教师由于缺乏西部工作经验，因此影响到对学生在西部地区实习的指导；②缺乏实习资料，由于缺乏在大跨度地区工作、教学的积累，实习过程中缺少完备的野外实践大纲和实习指导书；③缺乏有效的后勤保障，由于跨区域实习远离实习单位所在地，难以短时间内建立起长期的后勤保障合作关系，对实习过程中的后勤保障形成了很大的压力。为此，以华东师范大学地理学理科基地为主要发起单位，联合北京师范大学、

兰州大学、南京大学和福建师范大学等校地理学国家理科人才培养基地，依托各个学校多年精心打造的野外实践资源，开展基地联合跨区域联合实习。目前已建立了全国 8 条典型野外实习线路。联合实习以"合作、共享、辐射"为宗旨，在国家自然科学基金委员会和教育部的支持下，通过北方线与南方线的轮换实习，成功打造了国内首个基地院校自发联合的野外实践教学平台。联合实习参与学校从最初的五所发展到两岸三地近 40 所，实习从基地院校间联合发展到大量非基地院校参与，品牌效应初步形成，得到了广泛的关注。

2. 构建野外实践教学多形态教学参考库

为了更好地提升野外实践教学效果，地理科学学院组织地理学基地单位，统一规划，先后撰写了"国家理科人才培养基地地理学野外实习丛书"，包括《浙江自然地理学野外实习指导》《庐山地区地理学野外实习指导》《西秦岭地质地貌野外实习教程》《地理学综合实践教程》《土壤地理综合实践教程》，这些高质量的实习教程的出版，不仅有助于各个高校顺利开展实践教学，同时弥补了全国性的地理学野外实践教材的缺乏，支撑了我国的地学野外实践改革，起到了良好的示范作用。

近年来，在教材建设的基础上，华东师范大学地理科学学院依托地理信息科学教育部重点实验室，建设虚拟仿真实验教学平台，促进传统地理学课程体系与 GIS 课程体系的互补与融合。强调在传统部门地理学教学中增加 GIS 的应用，使这些课程既具有其相关专业的特色，又能突显其相关专业的地理学特性，使学生通过课程实践在学习过程中更清楚地把握地理学的各个部门组成要素。例如，在地貌学课堂教学中，增加数字地貌学教学实践，通过 GIS 中的数字高程模型分析功能掌握各类地貌几何形态的定量分析，了解区域地貌演化的定量描述，有效提升了课堂教学的效果，使学生在地貌学学习中强化了地理学区域性、综合性的思想。野外实践中教师"一对多，实践效果反馈不及时""实践专业内容单一，地理学综合性特色不显著"是当前实践教学中面临的新问题。华东师范大学地理科学学院依托虚拟仿真平台，建立实习区域空间信息库，内容涵盖地质、地形、行政区、水文、植被等，在野外实践中依托智能终端设备，实现了通过固定站位和线路考察把握区域地理特性的教学目标，挖掘、拓展了地理学野外实践教学的效率，促进野外实践中多学科的融合。通过实践系统的交互功能，在野外实践中增加了师生的互动途径，教师可将相关问题通过智能终端发送给指定的学生，学生在自己的终端完成后，反馈给教师，提升了教师对实践效果的把握能力。目前虚拟仿真系统已入选国家级虚拟仿真实践教学中心。

三、地理学野外实践教学模式

围绕实践教学基地建设地理学院不断探索野外实践教学模式改革，形成个人-团组互动的野外实践教学组织方式，在野外实践教学中，以大跨越、长距离、多内容为特色，形成"高起点、高强度、高综合"为特色的实践教学模式。

"高起点"，无论哪一个层次的野外实践教学均紧密围绕人才培养目标，以高标准培养学生扎实的专业基础知识与实践技能。特别是在综合层次的野外实践，主要训练学生在原有专业课程学习和专业技能实习的基础上，提升短时间内在陌生的自然环境条件中利用已有的专业知识与技能，把握实习区域自然环境主要特征的能力。

"高强度"，即每个野外实践时间短、实践内容多、实习强度大，对学生的身心考验大。如在北天山实习过程的十几天中，参加实习的学生需穿越近 3000km，温度变化近 40℃，垂直高度变化超过 3000m，对所有参与实习学生的身体是一种严峻的考验。在考验意志品质的同时，学生还需要完成各项实习任务，同时在实习期间平均 2~3 天就要进行一次实习小结汇报。每日繁重的实习后，学生就需要投入紧张的实习记录整理、汇报撰写工作。承受住如此高强度的身心考验是地理学后备人才所需具备的重要素质。

"高综合"，即在基础层次到综合层次和创新层次的实践教学内容从单一课程实习向多课程融合方向转变，实现野外实践教学的更高度程度的综合。由于联合实习高起点的特色，因此在实习内容设计中体现了高度综合的特点，不但体现在二级学科领域自然地理学内土壤、植被、地貌、水文的实习内容高度综合，更进一步在一级学科层面，自然地理与人文地理和地理信息系统实现了综合，以地理信息系统手段将人文地理调查与自然地理调查有效融合，训练学生综合理解地理环境中人地关系的特点。

1. 地理学野外实践教学成果丰硕

多层次野外实践教学体系的建设，极大地提升了学生的专业实践技能，夯实了学生的专业素养和精神面貌，极大扩展了对不同区域学生的地理视野。华东师范大学地理科学学院依托长三角实践基地建设，发挥区域特色优势，在实习内容中均加入了相应的地域特色实习内容，如上海城市圈发展、演化，长江口地貌发育等。

多年来，地理科学学院承担的全国地理学基地联合实习体系建设得到了教育部、国家自然科学基金委、上海市教委等上级主管部门的高度肯定。也得到了国内外兄弟院校地理院系的积极响应，形成了野外实践的品牌。相关成果获得了 2014 年国家教学成果奖二等奖。

2. 面对新问题，持续完善野外实践教学体系

1）构建满足多目标野外实践教学的实习基地，强化野外实践基地的课程思政功能

结合已有野外教学实习成果和多年经验，完善优化现有实习路线，使实习基地符合以下三种类型野外实践教学需求：

第一，基础野外实践教学，进一步梳理现有实习线路，根据本科教学内容改革和人才培养模式改革，建设内容全面、具有一定深度的实习资源组合线路。

第二，服务于科研训练，为了适应以地理学基地科研训练为核心的人才培养模式，依托现有资源重点建设河口湿地、亚热带森林系统自然地理学野外定位观测实践基地，开发一系列野外实践教学方向。为了更好地在短时间内将野外基地特色实践教学内容应用于联合实习，计划将围绕本实习基地的流域地貌、海岸地貌、森林生态系统等特点重点开发相应的实习点与实践教学内容。

第三，服务于课程思政建设，围绕课程思政的总体目标，以"大工程、大生态、大情怀"理念梳理野外实践资源，根据专业的课程思政评价指标体系和建设目标，系统梳理教学内容，以专业实践支撑思政目标的达成，以思政目标引导专业教学。

2）补充、更新野外实践硬件，注重自动观测与远距离数据传输系统的建设

结合地理学研究内容和野外观测条件，考虑各观测项目的相互关系，在原有仪器设备的基础上，购置系列便携原位测量和现场观测仪器，组建野外教学实习流动实验室（如购置地质、水文、气象野外工作仪器），增强学生熟练使用各种科研仪器的能力。

同时依托华东师范大学地理学科在长江三角洲建设若干野外台站，如长江口湿地生态系统野外监测研究站、天童森林生态系统野外观测站等资源，建设水文过程、水质特征、气象要素等自然地理要素自动观测系统和远距离数据传输系统。实现野外实践基地服务功能在时间上的拓展，实现野外实践在野外、现场实验室、校内等全方位的覆盖。

依托实践线路中已建成的重要野外观测台站，结合基地科研训练内容，开发一批连续性现场观测实践内容，建设野外基地的数据积累功能，建立水文、植被、土壤监测数据库，赋予实践基地长期服务科研训练的功能。

3）强化虚拟仿真在实践教学中的应用，进一步探索其在时空延拓领域对实践教学的支撑

现有传统实习中虽然已强化了野外实践中信息技术的应用，然而考虑到野外实践目前只能在有限区域、单一时间段开展，对于区域综合认识、多时相环境感受与历史层面的环境演变等信息，由于原有技术限制，还停留在文字的层面。运用虚拟仿真技术目前已经能够很好地解决这一困境，因此计划下一阶段以浙江富春江-钱塘江流域野外实习基地为基础，建设服务区域认识、多时相体验、历史维度拓展的野外实践虚拟仿真教学辅助软件。以人工智能拓展多元化的野外实践教学课程思政评价。当前野外实践的课程思政元素评价主要集中在教师的野外观察与实践报告领域，存在一定的偏颇。下一步计划依托野外影像记录，利用人工智能手段发展多元化的野外课程思政评价。

4）进一步推进基地联合实习，扩大辐射、共享面

在过去十一届地理学基地联合实习成功的基础上，进一步完善联合实习的组织、管理模式，挖掘实习基地的接待潜力，吸引更多海内外院校参加联合实习，确立联合实习的品牌效应，扩大实习基地的示范和辐射作用。

附录四　地理学野外综合实习虚拟仿真教学平台介绍

一、平台建设目标

结合天目山（附图 4-1）地理学野外综合实习，围绕地貌、水文、植被、土壤及 3S 技术等地理学野外实践内容，通过虚拟仿真的方法使学生事先对实习区域有更加直观、深入地了解，在室内能基本了解野外调查方法及 3S 技术的应用，使野外实践教学能更好地开展。

二、平台设计

平台共有五个模块：认识实习区域、野外调查方法、地理现象模拟、实验报告及系统维护。

认识实习区域包括基本情况、虚拟漫游、地貌、水文、植被、土壤及多时相遥感图像等子模块，通过研究区域三维场景的展示和专题图层的叠置，引导学生通过交互操作认识实习区域。如点击"植被"子模块，将显示该子模块的实验内容，学生可按照提示进行操作，并提交实验结果。

野外调查方法包括植被样方调查、土壤剖面调查、移动 GIS 应用等子模块，其中，植被样方调查和土壤剖面调查以虚拟仿真形式演示，学生可以交互操作；移动 GIS 应用子模块是利用移动设备进行数据采集，并在移动设备或桌面设备上查看采集的数据。

地理现象模拟以虚拟仿真形式模拟典型地理现象的形成与发展，如土地利用变化及预测，学生可以设置参数（各种环境条件），显示不同条件下的典型地理现象的形成与发展。

实验报告模块给学生提供在线输入实验报告界面，点击"提交"按钮，实验报告将被提交到后台。

系统维护用于自定义实习区域和实习数据。

三、平台开发

平台中的 WebGIS 功能利用 ArcGIS API for JavaScript 开发，所调用的三维场景服务在 ArcGIS online 平台中创建并托管发布；植被样方调查、土壤剖面观测等方面的人机交互虚拟仿真利用 Unity3D 开发。

四、平台使用

平台是浏览器/服务器（browser/server，B/S）架构，用户通过浏览器即可访问使用本平台，平台的网址为：http://122.112.231.165/tms/src/webapp/index.html。由

于 Unity3D 平台限制，考虑到多次运行速度测试比较的结果，目前平台只支持 Chrome 浏览器。

1. 移动 GIS 应用

步骤 1：移动设备输入网址 https://ecnu-gis.maps.arcgis.com/apps/ webappviewer/index.html?id=d8dbfdb277e148f6afe92384217f8cc9，在移动设备上打开野外数据采集网页（附图 4-1）。

步骤 2：点击"我的位置"按钮，定位到当前位置（附图 4-2）。

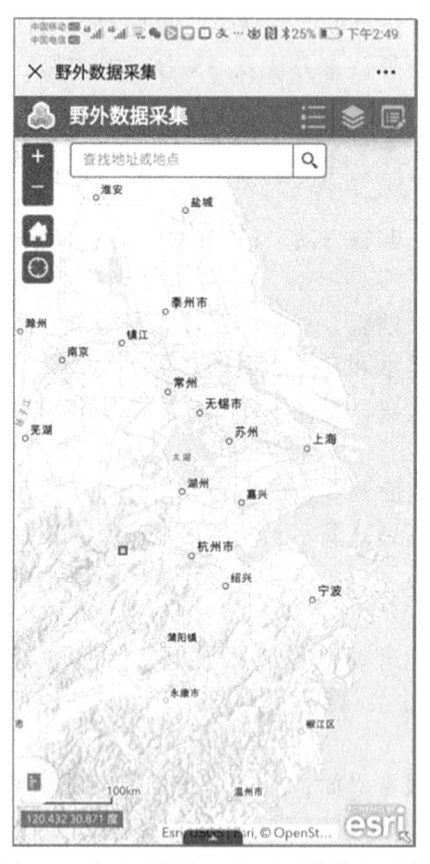

附图 4-1 在移动设备上打开野外数据采集网页　　附图 4-2 定位到当前位置

步骤 3：点击页眉中的"编辑"按钮，打开编辑对话框（附图 4-3）。选择"采样点"工具在地图上增加采样点，然后在弹出的属性编辑框输入属性（可以上传附件，如照片），点击"保存"按钮将完成样点采集（附图 4-4）。编辑对话框中的"选择"工具，可以选中要素并编辑，如移动、删除等。

步骤 4：选中新增的采样点，查看采样点信息（附图 4-5）。

步骤 5：点击下方箭头，打开属性表，可以查看其他人采集的样点信息。点击"选项/过滤器"，可以指定要查看的内容，如指定采集者为小组 1，这时仅显示采集者为小组 1 的样点（附图 4-6～附图 4-8）。

附图 4-3　打开编辑对话框

附图 4-4　属性输入对话框

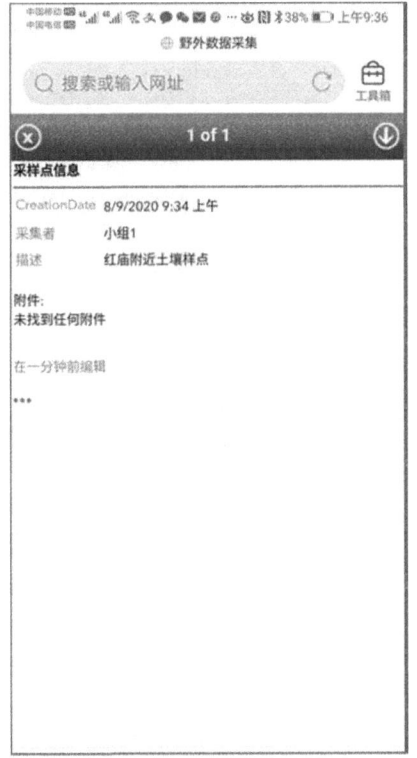

附图 4-5　选中采样点查看采样点信息

附图 4-6 显示属性表   附图 4-7 设置过滤器

附图 4-8 仅显示符合条件的采样点

步骤 6：点击属性表中的"选项/将所选内容导出至 CSV"可以将选中的要素导出到 CSV 文件（附图 4-9 和附图 4-10），本步骤可以在桌面设备上操作。

附图 4-9　将所选内容导出至 CSV

附图 4-10　导出的 CSV 数据（这里的 x、y 坐标是 web 墨卡托投影坐标）